LA NOVELA CHICANA ESCRITA EN ESPAÑOL:
CINCO AUTORES COMPROMETIDOS

Bilingual Press/Editorial Bilingüe

Studies in the Language and Literature
of United States Hispanos

General Editor
Gary D. Keller

Managing Editor
Karen S. Van Hooft

Senior Editor
Mary M. Keller

Editorial Board
Ernestina N. Eger
Joshua A. Fishman
Francisco Jiménez
William Milán
Amado M. Padilla
Raymond V. Padilla
Eduardo Rivera
Richard V. Teschner
Guadalupe Valdés
Juan Clemente Zamora

Editorial Consultants
Gabriella de Beer
Santiago Daydí-Tolson
Enid Zimmerman

Address
Bilingual Press
Department of Foreign Languages
and Bilingual Studies
106 Ford Hall
EASTERN MICHIGAN UNIVERSITY
Ypsilanti, Michigan 48197
313-487-0042

LA NOVELA CHICANA ESCRITA EN ESPAÑOL:
CINCO AUTORES COMPROMETIDOS

Salvador Rodríguez del Pino

Bilingual Press/Editorial Bilingüe
YPSILANTI, MICHIGAN

© 1982 by Bilingual Press/Editorial Bilingüe

All rights reserved. No part of this publication may be reproduced in any manner without permission in writing, except in the case of brief quotations embodied in critical articles and reviews.

ISBN: 0-916950-28-X

Library of Congress Catalog Card Number: 81-71730

PRINTED IN THE UNITED STATES OF AMERICA

Drawings by Manuel Unzueta

Cover design by Christopher J. Bidlack

Reconocimiento

Quiero darles las gracias a los cinco autores chicanos, Tomás Rivera, Miguel Méndez, Aristeo Brito, Alejandro Morales y Rolando Hinojosa, por haberme concedido innumerables entrevistas sobre datos personales y sobre sus obras sin las cuales no hubiera sido posible este libro. A don Luis Leal le debo la dirección y consejos sobre estilo e investigación. Mireya Jaimes-Freyre me alentó e hizo lo imposible para ayudarme a la realización de este libro. Francisco y Sonia Lomelí me dieron útiles consejos sobre la redacción del manuscrito. Reconozco a la Universidad de Colorado su apoyo financiero y subvención parcial del manuscrito. Finalmente, le agradezco sinceramente a Tina Eger su valiosa ayuda bibliográfica.

INDICE

Prólogo, por Luis Leal	ix
Introducción	1
Capítulo I Tomás Rivera y el compromiso a la vida (... *y no se lo tragó la tierra*)	
Una forma para la vida	7
Anatomía de un compromiso	10
La rebelión de los oprimidos	14
Al filo de la conciencia social	24
La conciencia adquirida	30
Conclusión	33
Capítulo II Miguel Méndez y el compromiso con el pueblo (*Peregrinos de Aztlán*)	
Los indeseables	37
Génesis de un escritor	39
El lenguaje chicano en acción	43
Los criaderos humanos	53
Un documento social	57
Conclusión	62
Capítulo III Alejandro Morales y el compromiso a la juventud (*Caras viejas y vino nuevo*)	
El mundo místico de los barrios	65
"Eastlos"—un esfuerzo en supervivencia	67
La estirpe—al margen de la vida	71
La juventud sin escape	80
Fuera de las fronteras	86
Conclusión	88

Capítulo IV Aristeo Brito y el compromiso a la historia
(*El diablo en Texas*)

Un pueblo en vilo	91
Una historia increíble	93
El diablo y el destino	99
Las voces vivas de Presidio	108
La realidad sin historia	112
Conclusión	114

Capítulo V Rolando Hinojosa y el compromiso con la tradición oral (*Estampas del valle* y *Generaciones y semblanzas*)

La vida como es	117
La esencia del pueblo	119
Un poquito de todo	123
Picaresca chicana	130
Una dialéctica social	133
Conclusión	137

Conclusión 139

Notas

Introducción	144
Capítulo I	144
Capítulo II	146
Capítulo III	147
Capítulo IV	149
Capítulo V	149

Bibliografía selecta

Sobre la narrativa chicana	151
Sobre las obras estudiadas	153
Sobre el pueblo chicano y mexicano	157
Sobre cultura, sociología y teoría literaria	158

PROLOGO

Hasta hoy la crítica literaria no cuenta con estudios exhaustivos sobre la novela chicana. Es por esta razón que el trabajo pionero de Salvador Rodríguez del Pino, aunque limitado a cinco autores que escriben en español, constituye una valiosa aportación a nuestro conocimiento de este importante género cuyo florecimiento, de reciente origen, todavía no se agota.

Hay que tener presente que si es verdad, como generalmente se dice, que la novela chicana nace en 1959 con *Pocho*, también es cierto que antes de ese año ya existían antecedentes que bien podrían ser considerados como pertenecientes a la literatura pre-chicana. Mencionaremos algunos ejemplos escritos en español para mantenernos dentro de los límites que se impuso Rodríguez del Pino en su estudio. Antes, sin embargo, es necesario observar que la narrativa escrita en español nunca ha dejado de cultivarse en Estados Unidos. Si es verdad que el abrupto cambio de gobierno ocurrido en 1848 transformó el sistema político, económico y jurídico de los mexicanos conquistados, no ocurrió lo mismo con sus costumbres, lengua, religión, estructura de la familia y otros aspectos de la cultura como el arte y la literatura. Y estas tendencias no han desaparecido, como lo demuestra el estudio de Rodríguez del Pino.

La literatura de ficción tiene un lento desarrollo no solamente en Aztlán, sino también en México, donde las novelas publicadas antes de 1848 no pasan de veinte, la mayor parte de ellas en forma de novela corta. Entre ese año y 1910, sin embargo, la novela mexicana obtiene un alto desarrollo. No así en Aztlán, donde las novelas conocidas no pasan de la media docena. La más antigua que se conoce es *Deudas pagadas*, obra de un autor anónimo—sin duda español—publicada en 1875 en la *Revista Católica* de Las Vegas, Nuevo México. Obra romántica, trata del noble comportamiento de los soldados españoles en el norte de Africa. Por lo tanto, hay que considerar la novela pastoril *La historia de un caminante o sea Gervacio y Aurora* (1881) de Manuel M. Salazar, de la cual se conocen algunos fragmentos, como la primera novela aztlanense. Mayor importancia tienen las dos novelas cortas de Eusebio Chacón, *El hijo de la tempestad* y *Tras la tormenta la calma*, ambas de 1892, en donde aparece el tema del bandolerismo en Nuevo México, tema que reaparece en la novela histórica *Vicente Silva y los 40 bandidos* (1896) de Manuel C. de Baca, de título y estructura plasmados sobre la conocida narración oriental. Otra novela de esa época hasta hoy no mencionada por la crítica lleva el título *Memorias del Marqués de San Basilisco* (1897), atribuida a Adolfo R. Carrillo, el autor de los *Cuentos californios*. Ya en nuestro siglo Felipe M. Chacón publica la novela *Eustacio y Carlota* (1924). Y por fin, aparece la primera novela escrita en inglés, *La Conquistadora* del poeta Fray Angélico Chávez de Nuevo México. Aunque es la historia de la imagen de una Virgen, la Virgen misma cuenta su historia y por lo tanto la obra puede ser considerada como novela. Publicada en 1954, antecede por cinco años a la obra de Villarreal, también en inglés. Rodríguez del Pino, en su "Introducción", nos da un resumen de lo ocurrido a partir de 1959 y por lo tanto no es necesario repetirlo aquí.

La novela chicana escrita en español representa solamente un aspecto de esta narrativa, dado que la que se escribe en inglés constituye la otra cara de la medalla. Pero no hay duda de que el aspecto que estudia Rodríguez del Pino tiene una gran importancia, no sólo porque continúa la trayectoria iniciada el siglo pasado, sino también porque reafirma el interés del escritor chicano en mantener viva la lengua de sus mayores, que en vez de desaparecer, como se creía, cobra vigor con estas obras, entre las cuales se encuentran las aquí analizadas. El estudio incluye novelas de cinco autores representativos de la novela chicana de la década de los años setenta: Tomás Rivera, Miguel Méndez, Alejandro Morales. Aristeo Brito y Rolando Hinojosa. "Con *Tierra* [de Rivera]"—nos dice Salvador—"se inicia la generación contemporánea de novelistas chicanos después del movimiento, o sea la Generación de los 70". De los cinco, tres son oriundos de Texas, uno de Arizona y el otro de California. Es curioso que Nuevo México, donde se ha conservado la lengua española con mayor vigor, sea representado en esta Generación por un novelista que escribe en inglés, Rudolfo Anaya, y por lo tanto no incluido en el estudio. Tal vez sea ésta una de las debilidades del método que separa a los escritores chicanos según la lengua en que escriben, pues no permite que se estudie el género en su totalidad. Pero tiene sus ventajas, y una de ellas es hacernos pensar en un hecho histórico concreto: el renacimiento del español como lengua literaria entre los chicanos.

El enfoque crítico, como se explica en la Introducción, es sociológico, ya que Rodríguez del Pino cree firmemente que la novela chicana de los setenta es el producto de las fuerzas sociales que se desencadenaron durante la década anterior y que cambiaron la naturaleza de la comunidad chicana. Cada una de las novelas analizadas se estudia desde puntos de vista internos y externos con el propósito de fijar la obra en su contexto social y, a la vez, ver cómo ese contexto social se refleja en la estructura interna. El resultado es el primer intento en la crítica chicana de presentar la novela escrita en español como la manifestación de un movimiento social y estudiarla a través de un método correspondiente.

El autor está sumamente bien capacitado para analizar las obras de los autores seleccionados—que sin duda representan mejor que otros la novela chicana escrita en español durante la década de los setenta—ya que conoce la historia del desarrollo social y político del chicano no solamente a través de los libros, sino también como participante en el movimiento estudiantil de la época. Sus observaciones sobre el contenido de las novelas estudiadas son el resultado de largas conversaciones y entrevistas con los autores, lo mismo que reflexiones sobre la naturaleza de los materiales que dan forma a sus obras. Personalmente tuve la oportunidad de observar la gestación de este estudio, su desarrollo y su terminación, y es grato para mí verlo publicado, ya que sienta las bases para el estudio, mejor dicho la historia, de la novela chicana. En fin, este libro representa un gran adelanto en la crítica de este importante género.

LUIS LEAL
University of California,
Santa Barbara

A mis padres
Ernesto Rodríguez
y
Francisca del Pino

"Lee este libro, lector, si te place la prosa que me dicta el hablar común de los oprimidos; de lo contrario, si te ofende, no lo leas, que yo me siento por bien pagado con haberlo escrito desde mi condición de mexicano indio, espalda mojada y chicano."

Miguel Méndez
Peregrinos de Aztlán

"Entonces le entró coraje de nuevo y se desahogó maldiciendo a Dios."
—*Tomás Rivera*

INTRODUCCION

A partir de 1971 con la publicación de *...y no se lo tragó la tierra* de Tomás Rivera, la novelística chicana ha tenido un auge sin precedente. Más de una docena de novelas han aparecido en menos de ocho años en comparación con el corto número de novelas publicadas antes de los setenta. Contando a partir de *Pocho* de José Antonio Villarreal, esto es, de 1959 a 1970, se publicaron solamente tres novelas con temática dentro de la experiencia chicana. Estas fueron: *Pocho* (1959), *The Plum Plum Pickers* (1969) de Raymond Barrio y *Chicano* (1970) de Richard Vásquez. Pero desde entonces, impulsados por el movimiento chicano de los sesenta y por la explosión literaria que lo acompañó, los escritores empezaron a ver sus obras publicadas por las nacientes editoriales chicanas. Las únicas novelas impresas por editoriales no chicanas han sido: *Caras viejas y vino nuevo* de Alejandro Morales, publicada en México por Joaquín Mortiz; *Klail City y sus alrededores* de Rolando Hinojosa-Smith, publicada por Casa de las Américas en La Habana, Cuba, y *Peregrinos de Aztlán* de Miguel Méndez, impresa en Guadalajara, México.

Tomando en cuenta esta repentina producción literaria, es preciso ahora reestablecer la crítica y estudio de estas obras, a las cuales se les sigue imponiendo viejos y tradicionales métodos de crítica por falta de otros enfoques o acercamientos que nos aporten nuevas perspectivas sobre esta literatura. Cabe decir que el crítico literario egresado de los departamentos de inglés y de español en las universidades americanas no estaba preparado del todo para enfrentarse a una literatura de este tipo. La literatura chicana, a diferencia de otras literaturas nacionales—por ejemplo, la peruana—o de otros grupos de experiencia colectiva—como los negros de los Estados Unidos—se escribe en dos lenguas: español e inglés. En cuanto al empleo de la primera, la literatura chicana escrita en español emplea el dialecto chicano específicamente y el español estándar o universalmente literario como vínculo de relación. En las obras escritas en inglés, la expresión va desde un inglés pedántico *(Macho)* hasta un *slang* hollywoodesco *(The Autobiography of a Brown Buffalo).* Otra diferencia importante se basa en la falta de una trayectoria diacrónica que concuerde con su evolución socioliteraria. En otras palabras, la literatura chicana renace en los sesenta y madura en los setenta. En esta corta trayectoria, la novelística chicana copia, experimenta y trata de crear nuevas formas; a primera vista esto confunde a los críticos, no quedándoles otra solución que tratar de hacer comparaciones o sobreponerla a modelos literarios establecidos (regionalista, sociológica, modernista, etc.). Para esto, se criticaba lo obvio, lo que resaltaba en diferencia: elementos culturales y nacionalistas, símbolos prestados de la Revolución Mexicana y de la América indígena; todo ello explicado en términos de Rulfo y García Márquez y sicoanalizado a través de Octavio Paz. Pero despejada de todo esto, ¿qué quedaba? Todo y nada. Se le impuso a esta literatura los métodos de los formalistas (Bruce-Novoa), los nacionalistas culturales (Armas), los socialistas (Rodríguez) y la dialéctica histórica (Sommers). Todos ellos válidos para detallar algún enfoque, pero dentro del conjunto de la obra, estos estudios dejaron mucho que desear puesto que la mayoría de la crítica se disociaba de toda relación con los elementos condicionales que la habían producido. Es decir, las obras se estudiaban por sí mismas sin ninguna referencia a la sociedad que formaba el contexto. El entrenamiento crítico no dejaba lugar a enfoques eclécticos. Toda crítica sincera y no partidaria—es decir, no dogmática—nos ayuda a interpretar la obra en sus diferentes perspectivas y dimensiones. Pero, respecto a la totalidad de la crítica, se tiene que escoger lo que realmente es de valor para uno, tomando también en cuenta, desde luego, la ideología del crítico. Para este estudio hemos decidido tomar la dirección crítica de Joseph Sommers: la perspectiva "histórica dialéctica". Esta perspectiva es la que más se relaciona con nuestro enfoque y la que establece la base de este análisis. Joseph Sommers, en su artículo "From the Critical Premise to the Product", nos explica:

> I assume that Chicano literary expression is not merely the sum total of spontaneously created writings over the years. A more meaningful approach is to see these texts, each with its own literary characteristics, as emerging from and responding to the dynamic of historical experience and the complexities of social environment.[1]

Este enfoque también nos propone crear una dialéctica entre texto y contexto, en donde la relación entre obra (texto) y sociedad (contexto) se discute y se analiza en sus acercamientos y contradicciones. Dentro de la literatura chicana escrita en español hemos encontrado varias semejanzas que, en su conjunto, la apartan ideológicamente de la literatura chicana escrita en inglés. Por un lado, la novelística chicana en español forma parte de la tradición literaria latinoamericana por medio de la lengua y los valores tradicionales hispánicos, sin menospreciar influencias provenientes de autores hispanoamericanos contemporáneos. El autor que escribe en español ha tomado la postura de un compromiso cultural hacia su lengua y su tradición. Dentro de este compromiso, la preocupación ha sido documentar la condición social e histórica de un pueblo marginado económicamente e ignorado culturalmente. Esta literatura se aparta de la novela burguesa: el protagonista ya no es el individuo-héroe sino el pueblo. La colectividad social del pueblo es la que resalta en todas estas obras. El autor se sitúa, no como narrador omnisciente, sino como observador partícipe dentro de la historia y experiencia de esa sociedad, que lo condiciona e impulsa a documentarla. Esta documentación, por medio del arte literario, es producto de una conciencia creadora moldeada por los acontecimientos y valores sociales de un tiempo histórico externo (la evolución dinámica de la sociedad) y una experiencia vital interna (lucha por conservar la identidad cultural) que al acoplarse nos muestran un panorama más humano y completo estructurado por la artesanía e imaginación personal del autor. La perspectiva artística individual es la que aparta al autor de una aparente situación determinista de causa y efecto. La ideología de estos escritores está implícita en su compromiso social; la habilidad artística se logra por medio de la experimentación, que trata de crear una obra que realice ese compromiso.

La lengua, pues, y el compromiso hacia ella, queda como elemento determinante en el estudio de estos autores y sus obras. Los cinco autores y sus obras tratados en este estudio son: Tomás Rivera en *... y no se lo tragó la tierra*; Aristeo Brito en *El diablo en Texas*; Miguel Méndez en *Peregrinos de Aztlán*; Alejandro Morales en *Caras viejas y vino nuevo* y Rolando Hinojosa-Smith en *Estampas del valle y otras obras* y *Generaciones y semblanzas*. Al emplear el español como lenguaje literario, estos autores se definen partidarios de mantener las raíces hispánicas del pueblo chicano; creen que por medio del fomento de la lengua conseguirán la preservación y continuidad de las tradiciones chicanas. El compromiso hacia la lengua española en la literatura, y particularmente hacia el habla del chicano, implica cierta rebelión en contra del sistema social dominante, y en esto el autor chicano ha encontrado un arma poderosa en su lucha cultural. La historia, los mitos y las leyendas de este pueblo serán transmitidas auténticamente por medio de la lengua vigente: el lenguaje de los chicanos. Esta lengua en vigencia durante el tiempo-espacio en el cual se realizó la obra queda como única realidad entre ésta y la sociedad que la produjo. Cándido Pérez Gallego, en su libro *Literatura y contexto social*, nos dice:

> El hecho de que grandes obras de la literatura occidental ocurran en lugares hipotéticos nos advierte que por más que pretendamos crear una ciencia, estamos ante una descarada invención. Que lo único social de este texto será su realidad, su momento de compra, sus redes de distribución, pero en absoluto, ese comportamiento gratuito de un rey que no existió, esos problemas fronterizos entre países inexistentes, esos problemas sociales que no corresponden al sentido de la época: la invención arrastra todos los rincones, los falsifica, pero siempre queda un estigma delatador: Es el lenguaje. Ese problema de la época no pudo ser falsificado. Tal obra es mentira, lo hemos ya descubierto, pero ese lenguaje es verdad.[2]

Esto quiere decir que existe una relación entre el texto-ficción y la realidad del momento social en que la obra se produjo: esa relación es siempre el lenguaje en un punto histórico y social.

Para establecer una dialéctica que nos ayude a comprender el contexto, es preciso situar las obras dentro de una estrecha relación entre el autor y su sociedad. Para esto tenemos que (1) partir del autor y del compromiso que lo motivó a escribir la obra, (2) analizar el texto para revelar la manera en que fue realizado ese compromiso, (3) sobreponer el texto a la sociedad novelada para encontrar relaciones, y (4) evaluar el alcance de ese acto social (la obra dentro de la sociedad para la cual fue destinada). El procedimiento que empleamos para conseguir lo propuesto fue el de entrevistas formales e informales con cada uno de los autores mencionados para que ellos mismos nos dijeran: (1) el pretexto motivador de su obra; (2) la aportación significativa que han conseguido dar al pueblo lector de su obra; (3) la aportación de la obra a la literatura chicana e hispanoamericana, y (4) la satisfacción personal que les ha proporcionado la obra.

El enfoque de este estudio nos ha impulsado a buscar y experimentar con una metodología que si bien no es innovadora, sí ha servido para establecer un proceso que permita alcanzar lo que hemos postulado. Nuestro propósito es situar y relacionar a los autores mencionados y sus obras con la sociedad que los produjo. Todas las obras de estos autores tienen la finalidad de reflejar dicha sociedad por medio de un documento literario sociohistórico que la describe y la explica. Dentro de esta relación, queremos comprobar si el texto de las obras contiene la mutualidad entre "lo dicho" y "la sociedad que las produjo". Como la sociedad chicana es el modelo del texto en estas obras, debe de existir una analogía en él que relacione estos dos sistemas por medio de una dialéctica que se superponga a los dos. El método escogido para este enfoque proviene de las ideas y reflecciones literarias de Joseph Sommers[3] y de Cándido Pérez Gallego,[4] quienes nos han dirigido a un enfoque dialéctico y sociológico que facilita el acercamiento a esta literatura para explicarla dentro de su contexto social. Al decidir en esta dirección partiendo de estos conceptos, hemos deducido cuatro categorías que nos permitirán definir y explicar la relación: autor-texto-sociedad-lector. La terminología empleada para estas cuatro categorías es la siguiente: *pretexto, texto, contexto* y *contratexto*.[5]

El *pretexto*[6] es la relación entre el autor y el texto. Dentro de esta categoría se estudia al autor como miembro de la sociedad a la cual él documenta por medio del compromiso que contrajo con ella y con su época. Puesto que sospechamos que estas obras son fuertemente autobiográficas, es preciso aclarar hasta qué punto el autor se involucra en el texto para imponerle fuerza documental. La sociedad que produjo al autor, lo produjo dentro de ciertos condicionantes que se muestran implícitos dentro de la obra aun cuando el autor se desvía de ellos.[7] Al conocer la vida del autor, ésta nos aportará los motivos por los cuales se ha producido tal obra en tal momento histórico. Estos datos nos dirigen hacia la relación que buscamos entre el autor y el texto.

El *texto* es el estudio de la obra como creación del autor. En esta sección se estudian los elementos estructurales internos (la sociedad chicana, su relación con la sociedad dominante, etc.) así como la técnica y la expresión, pero ya coloreados por la visión personal que tenemos del autor. Este enfoque nos permite comprobar o deshechar la naturaleza autobiográfica de la obra.

El *contexto*[8] es la descripción y explicación de la sociedad novelada en la obra, o sea su norma de realidad. Dentro de esta categoría se sobrepone la sociedad como contexto del texto para definir analogías que nos permitan comparar la realidad del contexto con el realismo de la obra. De esta manera la sociedad actuará de supertexto con el texto en el cual se verá reflejada, de modo que podamos percibir los elementos que tengan validez como documento social e histórico.

Los elementos sociológicos tales como la selección de la forma de expresión, la estructura social y el momento histórico se analizarán con relación a lo novelado no sólo para comprobar que dicha sociedad es el modelo del texto, sino también para situar a la sociedad "como creadora de necesidades de época y transmisora de problemas y comportamientos al texto".[9] El *contratexto* reconstruye el camino autor-lector en el momento de publicación y lectura de la obra. El momento culminante, o sea la aparición de la obra en el mercado, implica otro elemento sociológico, pero más importante es buscar si hubo conflicto entre la obra y la crítica y entre la obra y la sociedad a la cual fue destinada. Se estudia también el resultado del compromiso que el autor contrajo con su pueblo, aparte de su compromiso literario, para evaluar hasta qué punto se realizó este compromiso y si el autor se siente satisfecho o decepcionado con el resultado. La crítica de estas obras se cita y se estudia dentro del contratexto para después acercarnos a una conclusión que relacione la obra con el enfoque escogido.

El método empleado para la realización de esta tarea incluye la investigación, estudio y análisis de las obras y su crítica y las ya mencionadas entrevistas personales con los autores y sus críticos, documentadas en cintas magnetofónicas grabadas audiovisualmente.[10] La necesidad de emplear estos recursos fue requerida para darle autenticidad a la biografía de los autores estudiados y para documentar los comentarios personales que cada autor hizo sobre su obra. Se estudiaron diferentes enfoques críticos para encontrar una metodología que se prestara al enfoque escogido, y se analizaron también las corrientes ideológicas sobre crítica literaria para entender mejor los conceptos críticos. La sociedad y el pueblo chicano son documentados por medio de crónicas y de textos históricos y literarios escritos por miembros de esa sociedad en particular y por otras personas interesadas pero fuera del grupo.[11]

Esperamos que el empleo de este método crítico para el estudio de las obras aquí tratadas aporte una dimensión más al conocimiento del hombre con relación a su ingenio y a la sociedad que lo produjo.

Capítulo I

TOMAS RIVERA Y EL COMPROMISO A LA VIDA

... y no se lo tragó la tierra

Una forma para la vida

Tomás Rivera dijo en una conferencia presentada en la Universidad de California en Santa Bárbara que su tarea y compromiso literario era la búsqueda por algo que le diera forma a la vida.[1] Esto era un reverso de la idea que lo obsesionaba anteriormente porque lo que él buscaba entonces era darle vida a la forma. Pero se dio cuenta que la vida existía, que estaba allí. No tenía que buscarla. La vida del chicano y del pueblo chicano se había estado viviendo y seguía viviéndose. Como pensaba Rivera ahora,[2] el problema no era cómo escribir y contar literariamente la vida sin documentarse en el pueblo chicano, sino que la vida cobrara existencia por medio de la forma. Esta vida ignorada por el resto del mundo no se conocía porque no tenía historia, no tenía documentos, no tenía quién la documentara; era una vida que ni los mismos chicanos se daban cuenta que vivían, pues al subsistir en una lucha constante para sobrevivir, no había tiempo para observar y reflexionar cómo y para qué se vive. Solamente cuando la vida se convierte en biografía, cuando se escribe, se comenta, se explica y se relaciona, entonces es cuando esa vida recobra su totalidad. Esa es una de las maneras para comprender que uno existe. De la misma manera que "el verbo se hizo Dios",[3] la palabra se convierte en humanidad. Esta relación de lo divino con lo humano es tal vez un elemento de la estructura formal que buscaba Rivera, ya que al traducirse esta relación se puede enfocar al opresor y al oprimido.

Al momento que un escritor miembro de una minoría empieza a escribir la vida de su pueblo, ya sea en documento, crónica, o cualquier otro género literario, este escritor patenta un compromiso explícito al darle existencia a un tipo de vida hasta entonces desconocida. Al momento de rescatar la experiencia vital del pasado y al documentar el transcurso contemporáneo de esa misma experiencia desde lo personal a lo colectivo, el escritor descubre al mundo la realidad histórica de su presencia. Pero esta vida y experiencia era desconocida porque, hasta entonces, no había quién la revelara desde sus entrañas hacia afuera. Estos grupos oprimidos de minorías no habían producido hombres que tuvieran el tiempo, la habilidad y los recursos necesarios para documentarla porque la lucha dentro de esa vida no daba para más. Cierto es que los escritores salidos de estos grupos minoritarios (llámense oprimidos, marginados, indeseables, etc.) han tenido que ingresar dentro del grupo dominante para adquirir los recursos necesarios para llevar a cabo el compromiso que se habían impuesto como destino. Con esto me refiero a la necesidad de involucrarse en un sistema ajeno y a veces hostil para poder conseguir los medios que permitieran alcanzar la realización de esa empresa. No todos lo han conseguido. Unos fueron tragados por un sistema institucional que los transformó y condicionó a otra forma, diferente de lo que habían sido. Otros desistieron porque les faltaron fuerzas para luchar y porque reconocieron su incapacidad ante los obstáculos normativos, permaneciendo petrificados dentro de una condición que no les permitía ni regresar a lo que fueron ni aceptar el presente. La mayoría de los escritores chicanos son académicos; es decir, han sido instruidos en los colegios y las universidades al servicio de una superestructura social históricamente empeñada en la opresión del grupo al cual pertenecen. Sin embargo, algunos han sobrevivido y no se han olvidado de su compromiso inicial. Tomás Rivera nos comprueba la realización de su compromiso con su primer libro, que oficialmente abre e inicia la producción literaria del pueblo chicano: *... y no se lo tragó la tierra*. Esta obra quedará en la historia de la literatura chicana como un símbolo de advertencia de que el pueblo chicano sobrevivirá por medio de su literatura.

La condición social del chicano como ente marginado y enajenado en el macrocosmo social anglosajón es un elemento constantemente presente en casi todas las novelas escritas por autores chicanos. Tanto en el medio urbano como en el campesino, esta situación de carácter opresivo se ha perfilado en la mente del escritor chicano, que siente no sólo la obligación, sino también la urgente necesidad de escribir y documentar la realidad social de su pueblo. Este elemento de orden sociológico y la temática se delinean claramente como dos de las características de la novelística chicana. Otro de los rasgos sobresalientes de esta narrativa, e importante culturalmente, es el lenguaje, la forma de expresión del chicano; uno no puede menos que admitir que existe un vínculo estrecho que relaciona la condición sociocultural con el lenguaje de los chicanos. Este elemento estructural, que evidentemente se muestra en las obras de los escritores que escriben en español, es parte del compromiso de documentar y preservar la cultura chicana; el mero hecho de hacerlo es testimonio del esfuerzo que hacen para conservar la lengua, trasmisora de su cultura. Pero al decir que estos escritores escriben en español, no es implicar que escriben empleando el español estándar y literario. Debe entenderse que el tipo de español que emplean es el lenguaje creado por la fusión de dos experiencias culturales cuyos valores han influenciado la base de la cultura chicana, cultura desprendida de la mexicana y la anglosajona. Sin embargo, este aspecto de la literatura chicana no deja de tener hábiles manipuladores, como lo es Miguel Méndez: barroco, rebuscado y poético al mismo tiempo, ejemplar de los insospechados niveles a los que puede llegar la consciente tarea de la experimentación lingüística. Esta búsqueda por el lenguaje auténtico está impulsada por las propias experiencias lingüísticas, provenientes del medio social al cual pertenecen o pertenecieron los autores; y para reproducir fielmente esa realidad, ellos no encuentran otro modo o recurso dentro de la literatura si no es recurrir a su propia forma de expresión, con el objeto de captar en su totalidad ese universo.

De los pocos escritores chicanos que escriben en español, Tomás Rivera fue el primero en hacerlo, partiendo de lo que se denomina el "movimiento chicano" de los sesenta. Rivera tiene la distinción de que su primera obra, . . . *y no se lo tragó la tierra*, haya recibido el Primer Premio Quinto Sol en 1970. Este hecho tiene importancia dentro de la historia de la literatura chicana porque con *Tierra* se inicia la generación contemporánea de novelistas chicanos después del movimiento, o sea la Generación de los 70. Este libro es significativo también por haber sido escrito en español. Hubo cuatro novelas anteriores a *Tierra* que se consideran dentro del corpus llamado literatura chicana contemporánea, pero éstas fueron escritas en inglés y con la técnica tradicional característica de las letras angloamericanas. Estas cuatro novelas son: *Pocho* de José Antonio Villarreal (1959); *Tattoo the Wicked Cross* de Floyd Salas (1967); *The Plum Plum Pickers* de Raymond Barrio (1969); y *Chicano* de Richard Vásquez (1970).[4] Otros dos escritores chicanos, Hank López y John Rechy, se deben tomar en cuenta como tales, pero sus novelas no reflejan la experiencia chicana; ésta sólo se deja entrever como trasfondo ambiental. *Pocho* está bien establecida como precursora de la novelística chicana actual, y hasta se puede decir que empieza con ella; pero a pesar de que Villarreal sirve como testimonio de que el pueblo chicano ya tenía voz, este escritor no tuvo al lector chicano en cuenta al escribir su obra.[5] Sin embargo, *Pocho* anticipa temáticamente las obras chicanas por venir, identificándolas de esta manera con los rasgos chicanos que establece, que ayudan a esa literatura joven, minoritaria e inasible.

Teniendo esta información en cuenta, ya podemos perfilar una trayectoria en la cual el primer libro de Rivera, escrito en español, es símbolo de un grupo de escritores chicanos comprometidos. Su finalidad es unificar el arte literario con la documentación histórica y social con el objeto de darle más significado al estado de conciencia al que ha llegado el pueblo chicano. También pretende documentar esa dinámica social con el fin de identificarse y situarse dentro de los grupos culturales que componen la estructura sociocultural angloamericana. Ahora, por primera vez, los intelectuales chicanos comienzan a obtener los recursos y métodos necesarios para autoanalizarse y documentar todas las facetas de su circunstancia; no hay duda de que se ha progresado, ya que actualmente se habla de *literatura chicana*, de *arte chicano*, de *teatro chicano*, de *historia chicana* y, más importante, de *español chicano*. Es también significativo que el escritor chicano acepte que este compromiso emane de un cambio de conciencia colectiva que vira de un estado de conformidad pasiva a la realidad de una actividad social.[6] Este cambio de conciencia lo ha experimentado el pueblo chicano por medio de una reflexión interna que lo ha llevado a la acción.[7]

Tierra es un efecto de esa acción. Ahora vayamos a la obra y su autor para situarlos en su relación con el contexto histórico-social desde su germinación hasta su publicación. El siguiente estudio parte de los elementos contribuyentes: el artículo de Joseph Sommers, "From the Critical Premise to the Product: Critical Modes and their Applications to a Chicano Literary Text", publicado en la revista *New Scholar*, y Tomás Rivera mismo, que como creador y autor de la obra estudiada es la fuente más auténtica de información para iluminar las incógnitas del texto.

Pretexto: Anatomía de un compromiso

Tomás Rivera nació dentro de la clase campesina chicana de Texas compuesta de trabajadores migratorios agrícolas.[8] Su abuelo había sido oficial del gobierno mexicano y después peleó con Villa;

pasó a los Estados Unidos al perder impacto la Revolución Mexicana. El abuelo, que había ido al colegio en México, tuvo mucha influencia en la formación cultural del joven autor; a pesar de que su abuelo se había decidido por la labor agrícola, su educación y experiencia eran distintas a los demás campesinos, que no habían tenido la oportunidad de educarse o de ir a la escuela. Sin embargo, dice Rivera que en el grupo se encontraban muchas personas instruidas y que a causa de la situación económica y política en los Estados Unidos se veían obligadas a buscar trabajo de esa clase.

Tomás Rivera trabajó junto con su familia siguiendo las temporadas y cosechas desde Texas hasta Wisconsin, conviviendo con este grupo durante veinte años. Desde chico, gracias a su abuelo, había adquirido una afición por la literatura y se convirtió en ávido lector de todo libro que podía encontrar en los basureros o abandonado en los campos de los trabajadores agrícolas. Esos libros se convirtieron en su "dump collection", la cual creció al pasar los años. Pronto adquirió la habilidad de construir tramas literarias, ayudado también por los "fonis", las revistas cómicas y de aventuras que eran muy populares durante las décadas de los cuarenta y los cincuenta. A los doce años, escribió sus primeros cuentos y *cartoons*, los cuales hacía circular entre sus amigos y parientes. Tomás había sentido el deseo de escribir desde muy joven, pero no encontraba salida para sus obras. Las más tempranas fueron todas escritas en inglés y eran recolecciones de las historias que le contaba su abuelo u otro miembro del pueblo, incluyendo simples leyendas populares.

En la universidad, Tomás empezó a escribir seriamente para la publicación, pero sus cuentos, artículos, y poemas eran rechazados constantemente por revistas establecidas como el *Saturday Review* y el *Atlantic Monthly*, quienes no consideraban que hubiera público para tal tipo de literatura. No fue hasta que tomó unas clases en literatura hispanoamericana que Rivera se inició en el estudio de su herencia cultural y de la historia literaria del pueblo de habla hispana. Los autores mexicanos que más le influyeron durante ese período fueron Carlos Fuentes y, especialmente, Juan Rulfo, en cuyos cuentos Tomás veía reflejada la vida del pueblo que él mismo quería describir y novelar. Tomás vio por primera vez en Rulfo el empleo de la expresión popular, la cual veía él como indispensable para captar la realidad social y la verdadera experiencia del pueblo.Pero no quería emular a estos autores de temas mexicanos, si bien relacionados con la tradición cultural del chicano. Rivera quería o buscaba algo que captara la esencia chicana y no la mexicana. Este modelo lo encontró al leer en una biblioteca la obra de Américo Paredes, *With a Pistol in His Hand*.[9] Esta obra le causó profundo interés y más que nada le proporcionó el prototipo de lo que pudieran ser los temas chicanos sacados del folklore de Aztlán. Rivera ya había encontrado la temática y dirección literaria que debía perseguir. También se dio cuenta que para la autenticidad social y calidad documental de la obra, tendría que ser escrita en la expresión popular y coloquial del pueblo. Para él, ésta era la única forma de representar fielmente esa realidad. Pero, ¿quién iba a leer una obra escrita en español? Como no había tenido éxito en publicar en inglés, preveía una lucha más comprometida que su vocación de escritor.

Para entonces, varios sucesos políticos y sociales que ocurrieron lo impulsaron y alentaron a seguir escribiendo en la forma elegida. Entre los años de 1967 y 1969, cuando Rivera estaba escribiendo *Tierra*, las manifestaciones en contra de la guerra en Vietnam, el surgimiento del movimiento chicano y los sucesos políticos en Crystal City, Texas, tuvieron influencia sobre su perspectiva total, unificando la visión que asumió al exteriorizar el compromiso en su obra. Además tomó conciencia de su compromiso social hacia su pueblo para producir conscientemente una obra representativa de sus ideales personales, estéticos y sociales. El movimiento chicano había impulsado la aparición de editoriales chicanas que, instigadas por el caudal literario que venía publicándose en periódicos, panfletos y revistas locales y regionales, se dieron cuenta de la necesidad de recopilar las obras de valor literario que se reproducían por esos medios. La poesía y el teatro estaban a la vanguardia en la expresión popular. Luis Valdez, José Montoya y Alurista ya no experimentaban con esos géneros—los habían dominado y convertido en patrón artístico. Ricardo Sánchez reflejaba en sus poemas aún otra forma de expresión: la del vato loco, el rebelde, el desesperado por obtener la justicia social. A pesar de que la renaciente literatura chicana se centraba en la protesta social y la denuncia de las prácticas racistas del poder establecido y de la estructura social anglosajona, tenía mérito y valor porque mostró al pueblo que se podía publicar sobre sus propias experiencias y en su propio idioma. Esa primera ola de literatura chicana utilizó todo lo que se podía publicar y los escritores echaron mano de lo que estaba a su alcance: cuentos, leyendas, recetas de comidas mexicanas, cuadros de costumbres, explicaciones de comportamiento social ante el anglosajón, arengas políticas y sociales, folklore y tanto más. Esta diversidad literaria enfureció a un crítico, quien asentó que aquello no se podía considerar como literatura:

More often than not, much of the fiction we do have is documented, and sometimes not very well written document. Much of what is passed off as literature is a compendium of folklore, religious superstition, and recipes for tortillas. All well and good, but it is not literature.[10]

Este crítico, sin duda, tenía buenas intenciones, pero todavía en ese tiempo (1974), el ímpetu de sacar todo lo relacionado a un pueblo—leyendas, cuentos de brujas, recetas ancestrales de familia, en fin, todo el tilichero que se encontraba arrumbado en los porches del pueblo—cobraba valor por ser materiales considerados como patrimonio de familia. Si bien no estaban a la par de las literaturas actuales de otros pueblos más desarrollados dentro de la universalidad literaria, por lo menos eran auténticamente suyos.

El ambiente de rebelión con miras de una reforma más justamente apegada a los ideales de los pueblos dentro del mosaico cultural estadounidense estaba en plena fermentación. No solamente los desilusionados negros, cansados por un retórica de falsa integración, o las desafortunadas víctimas de un consciente y premeditado genocidio como los indígenas americanos, sino también los chicanos conscientes del peligro de obliteración cultural, se lanzaban en constantes confrontamientos con el orden social establecido. Esta confrontación prometía mejores tiempos, que podrían ser el resultado de la perseverancia y aferramiento a la sed de cambio y justicia social. Estas luchas de sedición social y en contra del poder establecido no eran brotes aislados ni eran producto de una sola nación. Las mismas luchas se duplicaban en Francia, en México y en los países comunistas de la Europa oriental. Era como si el mundo entero hubiera tomado conciencia sobre el estado falso de prosperidad y armonía que engendró la posguerra.

Esta universalidad de conciencia tuvo un tremendo impacto en Tomás Rivera. Los sucesos que se venían desenvolviendo aquí y en otras partes del mundo fue la chispa que encendió las plumas de Fanon, de Memmi, de Freire, de Cleaver, de LeRoi Jones y de Rivera. La protesta social se disfrazaba en crónicas, ensayos, poemas, novelas y documentos históricos. Rivera admite esa influencia porque a pesar de tener ya la ambición literaria, estos eventos le proporcionaron el trampolín para llevar a cabo su empresa, reforzada ahora por convicciones ideológicas fuertemente ligadas a la cultura y condición social de su pueblo.

La concepción y realización de *Tierra* se precipitó, apoyada por estas causas; Rivera estaba seguro de vencer esta vez. Habiendo madurado literariamente, ya no se preocupaba por sus dotes literarias. Se preocupaba ahora por la forma creadora que le diera la vida auténtica al pueblo que documentaba con cariño. Rulfo le enseñó el comienzo, Paredes le proporcionó un modelo y su creatividad le descubrió el sendero. El recurso literario central de un niño protagonista representante del alma inocente pero perspicaz y precoz del pueblo, aunque ya había sido utilizado por José Antonio Villarreal, Rulfo, Faulkner, James Joyce y otros, resultó muy apropiado para representar el mundo de la novela.[11] El autor se comprometió con su protagonista, el protagonista con el pueblo y el pueblo con una toma de conciencia. Tomás quería captar "lo interno" de ese pueblo, lo que no se había captado hasta entonces o relacionado en su totalidad, para sintetizarlo claramente y exponerlo sencillamente en la misma expresión popular.

Terminada la obra, faltaba su publicación. Quinto Sol se interesó pero con ciertas condiciones. La producción literaria chicana tenía y debía de ser controlada para beneficio del pueblo, según la ideología predominante en ese tiempo. El pueblo y sus valores culturales, religiosos y tradicionales debían ser defendidos y engrandecidos para crear un estado de orgullo nacional que contrarrestara lo que se tomaba por complejo de inferioridad cultural y racial. Quinto Sol tomó la posición de *noblesse oblige* como árbitro de la conveniencia del consumo literario popular. Lo podía hacer, ya que esa editorial era entonces la única empresa chicana comercial que tenía los medios para publicar las obras chicanas. Quinto Sol decidió prudentemente que publicaría el libro si el autor consentía en hacer algunas modificaciones para ajustarlo a esa ideología. La editorial imperó y la obra de Tomás, ... *y no se lo tragó la tierra*,[12] ganó el Primer Premio Literario Quinto Sol, documentando un punto significativo dentro de la producción contemporánea de la literatura chicana.

Texto: La rebelión de los oprimidos

Antes de estudiar y analizar el texto de ... *y no se lo tragó la tierra*, debemos empezar con la descripción de la estructura y los datos de la publicación del libro. La novela fue impresa por primera vez en agosto de 1971 por la Editorial Quinto Sol de Berkeley, California, con una tirada de cinco mil ejemplares, mil con cubierta de lujo y cuatro mil en rústica, los cuales se agotaron en poco tiempo; se hizo otra tirada de cinco mil ejemplares dos años después. La contraportada y portada llevan el título del libro y el nombre del autor, ésa en español y ésta en inglés; después, al voltear la página, está el logo de la editorial que es el calendario azteca y la información de que la novela fue la ganadora del Primer Premio Anual Quinto Sol dado el año anterior, 1970. La página de enfrente lleva la misma información en inglés.

Este formato bilingüe fue el primer intento de este tipo usado en una novela chicana; los cuentos, inclusive la introducción por Herminio Ríos, se alternan en inglés y español. Hasta la fecha no ha habido otra editorial chicana que haya publicado en esta forma bilingüe alternativa, pero la obra de Rivera, que no es muy extensa (el texto en español apenas abarca unas sesenta páginas) se facilitó para esta clase de estrucura. A pesar del esfuerzo hecho por Herminio Ríos al traducir la novela para imprimirla en esta forma, la traducción desluce al imposibilitarse la captura de los giros lingüísticos y regionales del texto en español que, a nuestro parecer, es uno de los elementos de gran valor en la obra original. Sin embargo, es laudable la traducción de Ríos porque se trató de encontrar equivalentes lingüísticos dentro de un inglés coloquial, y meritorio es el grado de comprensión del sentido de las expresiones cargadas de implicaciones culturales, a veces solamente entendidas en su propio contexto cultural y social.

A la estructura del texto, formada por catorce cuentos y trece anécdotas antepuestas a cada cuento después del primero, se le da complejidad alternando los cuentos y las anécdotas; parecen no estar relacionados entre sí, puesto que no se les nombra capítulos o partes, viéndose simplemente como una colección de cuentos. Pero Herminio Ríos en su introducción a la obra nos explica:

> ... *y no se lo tragó la tierra*, en su creación en los pensamientos, personalidad del escritor, y en su estructura y presentación temática revela una unidad que se aproxima al género de la novela.
>
> Estructuralmente la obra consta de catorce selecciones, trece de las cuales van precedidas de agudas y penetrantes anécdotas que reflejan profundas calas en la condición humana. La primera selección, "El año perdido", sirve de introducción a la colección entera. Sirve también para presentar al narrador ficticio quien revelará lo que vio y lo que oyó. Este narrador ficticio ocasionalmente cede su oficio al autor-narrador. La última selección, "Debajo de la casa", es una recapitulación, una síntesis, y a la vez una expansión de las trece anécdotas y de las restantes trece selecciones. Esto le da un efecto unificador a la obra entera. "El año perdido" y "Debajo de la casa" son un marco artístico que encuadra a toda la obra.[13]

Con esta información sobre la estructura de la obra ofrecida en la introducción, se nos da a entender que esta colección de cuentos es realmente una novela caracterizada por los elementos ya mencionados. Se pueden encontrar antecedentes de esta estructura en algunas novelas y colecciones de cuentos; por ejemplo, Dos Passos en *Manhattan Transfer* y Carlos Fuentes en *La región más transparente*, en donde se trata de pintar, por medio de historias separadas pero relacionadas entre sí, el panorama colectivo de un pueblo o de una ciudad. La intercalación de las anécdotas funciona como una visión temática que nos deja entrever cierta condición colectiva del pensamiento o comportamiento del pueblo. El cuento siguiente nos enfoca una historia particular, detallando, dentro de la experiencia del narrador, un suceso revelador en el proceso en que éste se encuentra para relacionar y sintetizar las recolecciones que al final darán sentido al "año perdido".

La materia predominante en estas anécdotas es la crítica social tratada con actitud irónica. Pero también se encuentran asuntos como el saber popular y las costumbres sociales del pueblo, como en la anécdota que precede al cuento "La noche en que se apagaron las luces" y las narraciones de las tragedias por las cuales ha pasado el pueblo, que han quedado grabadas en la memoria colectiva para contarse y recontarse hasta que sean escritas e incorporadas en la documentación historiográfica del pueblo. Estas anécdotas cobran significado en el último cuento, "Debajo de la casa", al incorporarse junto con las historias recordadas. Así se obtiene una relación completa entre las experiencias del personaje narrador, que trata de dar sentido a todos los sucesos que le impresionaron para recuperar la vida y experiencia aparentemente perdida durante un año anterior.

Además de esta relación se pueden encontrar algunos lazos en forma de repeticiones o paráfrasis entre algunas anécdotas y otros cuentos que refuerzan la unidad novelística; por ejemplo, en la primera anécdota se encuentra una conexión con el relato ". . . y no se lo tragó la tierra":

> Lo que nunca supo su madre fue que todas las noches se tomaba el vaso de agua que ella les ponía a los espíritus debajo de la cama. Ella siempre creyó que eran éstos los que se tomaban el agua y así seguía haciendo su deber. El le iba a decir una vez pero luego pensó que mejor lo haría cuando ya estuviera grande (pág. 5).

En el cuento principal ". . . y no se lo tragó la tierra", leemos: "Le iba a decir a su mamá pero decidió guardar el secreto. Solamente le dijo que la tierra no se comía a nadie, ni el sol tampoco" (pág. 70).

Esto da a entender que el protagonista no comunicaba todo lo que hacía por miedo a ser mal interpretado. Tenía que esperar el momento propicio cuando se entendiera el motivo de sus actos.

Se nota también que hay otros lazos entre cuento y cuento que pudieran ser un *leitmotiv* pero que no llegan a desarrollarse suficientemente para catalogarse como tal. Ejemplos de lazos que relacionan se encuentran entre los cuentos "... y no se lo tragó la tierra" y "Los niños no se aguantaron": En el primero leemos, "—Ahí nos va a tocar lo mero bueno del calor. Nomás toman bastante agua cada rato; no le hace que se enoje el viejo" (pág. 69). En "Los niños no se aguantaron": "Notó que un niño iba a tomar agua cada rato y le entró el coraje" (pág. 7). Otro entre "La noche estaba plateada" y el primer cuento "El año perdido". En aquél dice: "En dos o tres ocasiones sintió que alguien le hablaba pero no quiso voltear, no de miedo sino porque estaba seguro de que no era nadie ni nada" (pág. 56); en "El año perdido": "Una vez se detuvo antes de dar la vuelta entera y le entró miedo. Se dio cuenta de que él mismo se había llamado" (pág. 1).

Lo que sí llega a *leitmotiv* son las constantes alusiones al *miedo* y al *coraje*; el miedo como término connotativo de la opresión del pueblo y el coraje como representativo de una toma de conciencia. Estos dos términos se emplean constantemente dentro de diferentes contextos y situaciones hasta que su repetición produce la relación miedo/opresión y coraje/conciencia. La clave de estos términos se encuentra en el cuento medular de la colección, "...y no se lo tragó la tierra": "Maldijo a Dios. Al hacerlo sintió el *miedo infundido por los años y por sus padres*" (pág. 70). El miedo produce el susto que puede ser fatal porque dentro de la cultura popular "la gente se puede morir de miedo o de susto". Rivera repite esta idea en "La noche estaba plateada": "Hay unos que se mueren de susto, otros no, nomás empiezan a entristecer, y luego ni hablan. Como que se les va el alma del cuerpo" (pág. 55). En *Pedro Páramo*, Juan Rulfo expresa el miedo mortal en esta forma: "¿Quieres hacerme creer que te mató el ahogo, Juan Preciado?... te arrastramos hasta la sombra del portal, ya bien tirante, acalambrado como mueren los que mueren muertos de miedo..."[14]

Pero el tipo de miedo aludido en el cuento principal es el que relaciona el miedo con la opresión; al infundir el miedo al pueblo, esta relación adquiere características poderosas para la opresión, que se vale del miedo y temor a Dios o del miedo y respeto al poder del sistema social y económico. En "... y no se lo tragó la tierra" el coraje y el miedo están contrapuestos:

Cada paso que daba hacia la casa le retumbaba la pregunta ¿por qué? Como a medio camino se empezó a enfurecer y luego comenzó a llorar de puro *coraje*. Sus otros hermanitos no sabían qué hacer y empezaon ellos también a llorar, pero de *miedo*.... Entonces le entró el *coraje* de nuevo y se desahogó maldiciendo a Dios (pág. 70).

El miedo y el coraje como motivos se encuentran en varios cuentos, pero el miedo es el que más se repite: se halla en "El año perdido", "Un rezo", "Los niños no se aguantaron", "Es que duele", "La mano en la bolsa", "La noche estaba plateada". El coraje, como toma de conciencia, se relaciona con la característica más humana— la pasión. Este coraje se produce al sentir algo negativo como la vergüenza, la frustración, el enojo, etc., con la reacción inmediata de una acción libertadora como la rebelión, la maldición, la blasfemia y hasta el suicidio.

En la forma de expresión encontramos el elemento más sobresaliente porque el empleo del habla coloquial del pueblo, que es descarnada y sin rodeos, le permite a Rivera estructurar el cuento en una forma escueta, aguda y desprovista de descripciones extensas que permiten reverberaciones simbólicas. Hay un uso constante de expresiones aparentemente contradictorias como "No, pos sí", "Sí, pos no", "N'hombre, sí", que son contradictorias en cuanto a la forma; pero éste es un modo lingüístico que el pueblo emplea para dar énfasis a lo negativo o a lo positivo y no para contradecirlo. Estos giros lingüísticos, que son muy populares y que están arraigados en el pueblo de la provincia, no necesitan más explicación o elaboración sobre el asunto por parte de quien los expresa. Son muy bien entendidos por el pueblo pero no en forma contradictoria. Sin embargo, Rivera tiene algunas contradicciones en el texto en cuanto al habla coloquial; esto se ve, por ejemplo, en el uso del subjuntivo. En el habla coloquial de la mayoría de los chicanos, especialmente en el grupo campesino, es muy frecuente emplear el plural de la primera persona del presente del subjuntivo con un cambio de acento de llano a esdrújulo, como *cántemos* en vez de cantemos, o *lléguemos* en vez de lleguemos. Pero Rivera suele emplear el subjuntivo en su forma estándar y aceptada, como se puede observar el en cuento "Cuando lleguemos", en donde se repite varias veces. Otro ejemplo es el uso de haya por *haiga*. *Haiga* es el más popular. Muy pocas veces se oirá el uso de haya dentro de este grupo social. Según Rivera el uso de haya y del subjuntivo estándar, "está muy arraigado en mi forma de hablar pues mis abuelos y mi padre lo expresaban en esa misma forma. El pueblo en general no lo usa."[15]

Pero esto no tiene mucha importancia, ya que el uso del habla coloquial del pueblo en el texto de Rivera no lo aparta de la novela regionalista mexicana. Lo que tiene mayor significado es el uso de imágenes que son inconfundiblemente chicanas al yuxtaponer el español coloquial con expresiones bilingües que ponen el sello a la obra como literatura chicana y no mexicana ni anglosajona. Unos cuantos ejemplos servirán para elucidar este importante rasgo de la literatura chicana, empleado ya en *The Plum Plum Pickers* de Raymond Barrio,[16] pero más elaborado por Rivera. El cuento que más utiliza esta clase de estructuras bilingües es "Cuando lleguemos"; éstas se aprecian en el pensar de la gente que va dentro del camión, que comenta ya acerca de su condición o ya acerca de lo que va a hacer cuando llegue:

> Bueno, me voy a bajar a ver si encuentro alguna labor o un diche donde pueda ir para fuera (pág. 148).
> ... Se quedó el negrito asustado cuando le pedí los 54 *jamborgues*.
> ... A las dos de la mañana y con hambre se puede uno comer muy bien los *jamborgues* (pág. 149). ... Voy a buscar a mi tío, a ver si me consigue una chamba en el hotel donde él trabaja de *belboy*. A lo mejor me dan quebrada allí o en otro hotel (pág. 150).

La estructura alternada inglés-español se encuentra en dos cuentos, "Es que duele" y "Debajo de la casa". Un ejemplo de "Debajo de la casa": "... ¿por qué ya no comes pan dulce? You don't like it anymore?" Al representar el grupo y nivel social al cual se novela, el uso de su expresión y sus formas lingüísticas da autenticidad y realismo a la obra, sobre todo cuando el autor pertenece a esa clase y usa la misma forma de expresión. La estabilidad y neutralidad del lenguaje puro y académico empleado a menudo en obras literarias quitan realismo a este tipo de obras, en donde el elemento de realidad se centra principalmente en el lenguaje.

Lo importante de Rivera al usar esta forma de expresión es su constancia en toda la obra. A pesar de los diferentes recursos literarios como el fluir de la conciencia, percepciones personales, comentarios del pueblo, diálogos y a veces la descripción, esta forma se mantiene en sus varios niveles: coloquial, interferencia de un lenguaje u otro, expresiones en español con conceptos ingleses, y el cambio de la morfología de la palabra a una fonética española. Rivera ha empleado con acierto la forma de expresión popular con la cual el grupo social novelado se expresa. La realidad documental-social ha sido transportada a la estética literaria.

El protagonista, como ya dijo Herminio Ríos, es representado por un narrador ficticio que revelará lo que vio y lo que oyó, cediendo ocasionalmente su oficio al autor-narrador. Al analizar más detalladamente la obra, llega uno a la conclusión de que el protagonista-narrador-ficticio/autor-narrador es uno y el mismo. ¿En dónde, pues, se pueden establecer las diferentes dimensiones esquizofrénicas del protagonista? El autor representa al pueblo. Es la voz del pueblo disfrazado de autor el que nos habla. A veces nos habla como narrador-observador, a veces como narrador-testimonial y otras con una voz íntima dirigida al lector; todo esto complementado y reforzado por sus reflecciones personales internas que nos ofrecen más información detallada sobre las lagunas o contradicciones que pudiera uno, como lector, encontrar en el texto. En este tipo de obras, en que el protagonista es seudónimo de autor y a la vez seudónimo del pueblo, se encuentra uno con una complejidad más profunda que no se explica con la relación simplista de autor-protagonista-pueblo. La emergencia del pueblo como protagonista es una tendencia evolutiva que provoca el estudio de una conciencia que se ha formado por la gradual interdependencia de los sucesos históricos y sociales que toman conciencia en el autor como parte integral del pueblo y su circunstancia. De esta manera el narrador-ficticio, como le llama Ríos, no es sino otro nombre para identificar al pueblo como protagonista, cuyo objetivo en la novela es representar su propio dinamismo social. Esta complejidad la describe Lukács de la siguiente manera:

> ... la relación del personaje (novelístico) con el grupo social del que forma parte y al que prácticamente representa es mucho más compleja que en el drama. Esta complejidad de las relaciones entre individuo y clase no es, sin embargo, incluso en este caso, un producto de la evolución literaria; por el contrario, todo el desarrollo de las fuerzas literarias no es sino el reflejo de la propia evolución social.[17]

De esta manera el pueblo mismo se documenta por medio de una persona comprometida e integrante del grupo cuyo grado de conciencia ha llegado al punto para cumplir su compromiso. En todo caso, por la responsabilidad al texto, se tienen que identificar los diferentes narradores que aparecen en la obra. Volviendo a las diferentes voces del narrador representativas del punto de vista de la obra, clasificaremos los "narradores ficticios" según su participación en los diferentes cuentos de la colección.

En "El año perdido" un narrador omnisciente nos presenta al protagonista: un personaje sin descripción física y sin más pormenores que su condición sicológica. En la penumbra entre la realidad y el sueño, este personaje veía y oía muchas cosas antes de que se le volviera todo *blanco* (suponemos que es una expresión chicana de *blank*) por el esfuerzo mental que lo dormía. Los cuentos-sueños se suceden narrados con diferentes puntos de vista. El narrador omnisciente del primer cuento reaparece en "La noche estaba plateada", "... y no se lo tragó la tierra" y "Debajo de la casa". Estos cuentos narrados en tercera persona tienen por objeto presentarnos la condición sicológica del protagonista y su evolución por medio de un análisis interno de su pasado hacia la toma de conciencia que culmina en el descubrimiento y la recuperación de su identidad. El autor sitúa estas historias al principio, en medio y al final de la obra, obteniendo así una estructura que enmarca y refuerza la totalidad. Se puede decir que estos cuentos nos informan de lo que el protagonista va a hacer, cómo lo hace y el resultado de lo que hizo.

Los demás cuentos giran alrededor de éstos, apoyando o documentando las circunstancias históricas y sociales que determinan el resultado con el presentimiento del lector. La voz íntima del autor nos habla en "Es que duele" y se dirige al lector en "La mano en la bolsa" al empezar el cuento con este párrafo:

> ¿*Te acuerdas de don Laíto y de doña Bone*? Así les decían pero se llamaban don Hilario y doña Bonifacia. ¿*No te acuerdas?* Pues yo tuve que vivir con ellos por tres semanas mientras se acababan las clases y al principio me gustó pero después ya no (pág. 38).

Este cuento nos presenta al protagonista más humanizado, contándonos él mismo su secreto en confianza, pues se supone que la historia no la conoce nadie más que él y el lector. En "Cuando lleguemos" el protagonista convertido en pueblo nos habla de la misma manera al darnos a conocer los secretos de la comunidad: sus congojas, sus preocupaciones, sus frustraciones y sus ambiciones. "El rezo" es el único cuento sin autor implícito; es simplemente un rezo muy revelador de la conciencia religiosa y moral del pueblo, quien no repara en dar su vida por el hijo, puesto que lo considera un acto natural. En los demás cuentos el narrador se perfila ya como narrador-testimonial, en "El retrato" y "La noche en que se apagaron las luces", o como narrador de una historia colectiva impresa en la memoria del pueblo pero que nos la cuenta para recordárnosla. Estas recolecciones se titulan "Los niños no se aguantaron", "Los quemaditos" y "La nochebuena".

Hay otros elementos estructurales como el tiempo y la intromisión de la reacción popular al final de varios cuentos. El tiempo tiene importancia en la estructura porque no es lineal (o sea, cronológico). Es cíclico y circular.[18] El pasado, el presente y el futuro se funden en el espacio temporal de un momento revelador que ocurre una noche antes de dormir (o más explícitamente, dentro de unos cuantos instantes que pasan antes de vencer el sueño), pero que cobran significado al siguiente día debajo de la casa. Según Alfonso Rodríguez, este ciclo se manifiesta dentro de tres modalidades temporales:

> Thus, the three major temporal cycles are manifested as follows: "The Lost Year" represents the present circumstances of the boy-hero, the next twelve stories (which symbolize the months of the year) are the boy-hero's search of the past; and in the concluding story "Under the House," past and present merge and a new cycle opens into the future (Ibid.).

El cuento inicial, "El año perdido", nos indica en el presente el tiempo que se recuperará, pero al iniciarse el proceso de recuperación, el tiempo se detiene, convirtiéndose en el tiempo mítico del pasado. "Debajo de la casa" nos vuelve al presente con el pasado año ya recuperado, abriendo las puertas hacia un futuro despejado por la toma de conciencia en el presente. En el último cuento todo se pone en perspectiva y el ciclo se cierra, volviendo al principio que lo generó. El tiempo de los doce cuentos es simbólico y mítico; no es precisamente un año cronológico lo que determina lo transcurrido sino uno de tantos en el pasado lo que se tiene que revivir para comprender. Esta es la razón por la cual no había mencionado al protagonista niño, al que muchos críticos aluden en sus estudios. En "El año perdido" no tenemos ninguna indicación de que el protagonista sea un niño. Es más: ni siquiera sabemos su edad, sólo nos damos cuenta que el protagonista tiene que recurrir a su subconciencia y entendimiento para dejar que transcurran los eventos que ve y oye antes de dormirse. No es hasta el cuento "Es que duele" que empezamos a darnos cuenta de un joven que se inicia en la vida y prosigue esa iniciación hasta el cuento "La primera comunión", en donde culmina su conciencia iniciada en lo sexual. En el transcurso de estos cuentos el joven abre los ojos ante la estructura social, la maldad, lo religioso y lo sexual; o sea, el hombre, la maldad, lo divino y la carne. No sabemos más de él hasta el último cuento, "Debajo de la casa", en donde funde todas estas experiencias y tomas de conciencia para cobrar, de esa manera, su identidad. ¿Es un niño el que emerge de debajo de la casa? Veamos el texto: "Mami,

mami, aquí está un viejo debajo de la casa. Mami, mami, mami, pronto sal, aquí está un viejo, aquí está un viejo" (pág. 169). En la traducción de este cuento al inglés la palabra *viejo* es traducida simplemente por *man* y no *old man*. Es probable que al niño lo confundan otros niños con un hombre pero no con un viejo. Así es que "año perdido" significa el pasado y no el año anterior, aunque él mismo diga:

... Yo creo que es lo que necesitaba más que todo. Necesitaba esconderme para poder comprender muchas cosas. De aquí en adelante todo lo que tengo que hacer es venirme aquí, en lo oscuro, y pensar en ellos. Y tengo en tanto que pensar y me faltan tantos años. Yo creo que hoy quería recordar *este año pasado*. Y es nomás *uno*. Tendré que venir aquí a recordar los *demás* (pág. 168).

Se nota claramente aquí que el año recuperado no tenía que ser precisamente anterior sino "uno de tantos años"; por eso le faltan muchos más que recordar. ¿Entonces quién es el protagonista principal? ¿El viejo cargado de historia que viene a esconderse debajo de una casa para recordar, o el niño-protagonista de uno de los tantos años de su pasado? El texto asegura que ese fue el primer año que recordó pero le bastó para relacionar todo y comprender. Esa es la razón por la cual tiene que volver al mismo lugar no para comprender sino para recordar y seguir relacionando todo con "esto y aquello".

Rivera nos explica que puede que haya una confusión textual en la palabra "viejo" que emplea, pero que esta expresión es común y los niños a veces se explican de esta manera. Además, es evidente que la niña que descubrió al protagonista no podía ver claramente quién era. En todo caso, Rivera nos dice que tenía definitivamente a un niño-narrador en mente al escribir la obra. En la cuestión de que si el año perdido fue anterior inmediato o uno de tantos en el pasado, cree que eso no tiene importancia y puede tener varias interpretaciones.

La intromisión de la reacción popular ocurre al final de los cuentos no relacionados con el protagonista mismo sino con el pueblo en general; esa es la razón de que el mismo pueblo comente. Este elemento estructural acontece en los cuentos "Los niños no se aguantaron", "Los quemaditos" y "La noche en que se apagaron las luces". En "Los niños no se aguantaron" se puede apreciar en pocas palabras la conclusión y evaluación general del pueblo al comentar filosóficamente sobre el acontecimiento:

—Dicen que el viejo casi se volvió loco.

—¿Usted cree?
—Sí, ya perdió el rancho. Le entró muy duro a la bebida. Y luego cuando lo juzgaron y que salió libre dicen que se dejó caer de un árbol porque quería matarse.
—Pero no se mató, ¿verdad?
—Pos no.
—Ahí está.
—No crea compadre, a mí se me hace que sí se volvió loco. Usted lo ha visto como anda ahora. Parece limosnero.
—Sí, pero es que ya no tiene dinero.
—Pos sí (pág. 7).

En este lacónico pero expresivo diálogo se contrapone lo que se dice y lo que se cree, dando así una dimensión más amplia en la que el pueblo actúa como coro que comenta los acontecimientos que forman su propia historiografía. Es más: Rivera explica que estas historias las coleccionó de las cartas que su madre les escribía a sus amigas contándoles lo que sucedía en donde se encontraban trabajando fuera de Texas. Ellas, en turno, le contestaban lo que pasaba en el pueblo mientras la familia se encontraba fuera.

Contexto: Al filo de la conciencia social

En el estudio del texto se identificó al pueblo como protagonista, representado simbólicamente por un narrador-niño que trataba de relacionar su experiencia vital con la totalidad de su circunstancia: identidad, historia, situación social y comprensión de sí mismo. El narrador-niño al recordar las experiencias de un año aparentemente sin significado—puesto que lo consideraba "perdido"—recuperó esa vida por medio de una toma de conciencia gradual que lo llevó al descubrimiento de su realidad social. La relación simbólica y metafórica entre la realidad/ficción de la obra y la realidad social del pueblo está hábilmente entrelazada por las anécdotas que preceden a trece de los cuentos. Tomando esta sinopsis como punto de partida, veamos ahora la relación texto-contexto para situar a la obra dentro del marco sociocultural que refleja y documenta. Para esto tenemos que ir no al tiempo-espacio de la realidad social dentro de la cual fue concebida la obra, sino a la realidad social del pueblo chicano de los cincuenta, de la cual se ocupa la obra misma.

La década de los cincuenta o de la posguerra representaba un reajuste social en los Estados Unidos, donde se trataba de regresar a la aparente estabilidad al comenzar la década de los cuarenta. La

Gran Depresión de los treinta estaba ya resuelta al comenzar los cuarenta. La guerra en Europa estaba lejana y era de poca preocupación para el pueblo americano que empezaba a disfrutar de una economía estable y prometedora. La Segunda Guerra Mundial fue la prueba de que el pueblo americano estaba dispuesto a defender su *lifestyle* dentro del "American Dream" prometido que empezaba a realizarse. La victoria en esa guerra fue la comprobación definitiva para el pueblo americano de que el estilo de vida y moralidad americanos dentro de un sistema democrático estaban destinados a ser el modelo del mundo libre. Esta ofuscación eufórica fue reforzada por la nostalgia de la estabilidad y la vuelta hacia el pasado.

Pero bajo este velo ilusorio de prosperidad general fermentaba la ebullición de las clases oprimidas económica y socialmente. Los integrantes de estas clases se dieron cuenta de que "algo andaba mal" al volver, sobredecorados y cargados de promesas, a la ironía cotidiana de su situación marginal.[19] La guerra les había abierto los ojos y se dieron cuenta que al ir a salvar al mundo de los opresores fascistas, se encontraban con las mismas condiciones en casa. Sin embargo, una puerta se había entreabierto; era la oportunidad antes vedada de la educación. Ya habían "visto mundo" y ahora no les era tan fácil caer víctimas de la retórica del "American Dream". La situación doméstica no mejoraba para ellos; es más, empeoraba. Los braceros mexicanos atraídos por la oportunidad de empleos que no tenían en México se habían quedado aquí, y el *agribusiness* del suroeste vio su prosperidad en la explotación de tanta mano de obra barata y servil. Los mexicoamericanos ya enraizados aquí veían a los braceros mexicanos con cierto desdén; les recordaban lo que habían sido; pero ya se consideraban americanos con membrecía y la meta era la asimilación prometida por el afluente poder anglosajón. Dejando los campos a los recién llegados, muchos de ellos emigraron a las ciudades para enlistarse en trabajos más dignos de su nueva condición y para educarse en caso de que hubiera una oportunidad, porque ". . . a lo mejor nos la dan a nosotros" (pág. 37). Pero la clase campesina, aumentada por los braceros indocumentados, se hundía más en la opresión socioeconómica.

Había dos corrientes culturales en el pueblo chicano de los cincuenta: los optimistas que creían sinceramente en la asimilación como panacea social y económica, y los realistas, los desencantados, que se aferraban a su universo cultural y lingüístico como único recurso en contra de la extinción cultural. Los chicanos eran visibles sólo en ciertas partes de la economía: en los campos agrícolas, en las más bajas labores obreras y en los quehaceres que ni los negros, históricamente asociados con estos trabajos, querían hacer. Los que prosperaban comercialmente eran los dueños de restaurantes mexicanos y uno que otro profesionista asimilado que trataba de apartarse completamente de sus comienzos de clase y afiliación étnica. Una nueva clase de explotación social y económa había sido creada en los cincuenta que apoyaba y hacía resaltar la afluencia americana de la posguerra. El primer grupo de optimistas pronto se desilusionó y la fermentación creció al unirse los dos grupos en la siguiente generación, esperando el momento propicio que finalmente estalló en los sesenta.

Sin los acontecimientos sociales y la toma de conciencia de los cincuenta no se hubiera realizado la acción social de los sesenta. Tomás Rivera revive la condición social y sicológica del pueblo en vísperas de los hechos; la observación de su comportamiento y valores podría titularse "Al filo de la conciencia social". El gobierno americano toleraba la situación opresiva del pueblo y aun alentaba el programa bracero por la falta de la mano de obra y por la abundancia de trabajo que había en el campo, en la construcción y en las fábricas. Todo estaba bien a menos de que no hubiera una depresión o recesión económica, que sí ocurrió durante los últimos años de los cincuenta. En tales casos, el gobierno y la estructura socioeconómica relegaban a ese estrato social al papel de chivo expiatorio, echándole la culpa por dicha crisis económica. Esta situación la solucionaban por medio de redadas y deportaciones, cuyo fin era probar y asegurar a la sociedad americana de que habían tomado medidas para aliviar la situación económica y, a la vez, alentar la imagen negativa de este grupo étnico y social. Esta situación de constante discriminación social y explotación económica era un *modus vivendi* para el pueblo chicano, que se encontraba inerme y vulnerable ante los caprichos económicos de la superestructura social. La supervivencia familiar y del grupo se convirtió en regla. Pero algunos integrantes del grupo, buscando y necesitando medios de ayuda a tal condición, recurrían a la misma explotación del pueblo, como en el caso de doña Boni y don Laíto en el cuento "Con la mano en la bolsa". Otros buscaban consuelo en la religión ancestral, como la madre en ". . . y no se lo tragó la tierra" y la implorante de "Un rezo". Los realistas adoptaban un cinismo irónico que Rivera capta en la siguiente anécdota:

—El jefito dice que para prepararnos. Si algún día hay una oportunidad, dice que a lo mejor nos la dan a nosotros.
—N'ombre. Yo que ustedes ni me preocupara por eso. Que al cabo de jodido no pasa uno. Ya no puede uno estar más jodido, así que ni me preocupo. Los que sí tienen que jugársela chango son los que están arriba y tienen algo que perder. Pueden bajar a donde estamos nosotros. ¿Nosotros qué? (pág. 37).

Los realistas no pensaban así por la falta de ganas de luchar, sino porque se daban cuenta de que la lucha era inútil y que, además, si lograban obtener algo, tenían entonces que luchar más para retenerlo. Los que se conformaban mejor dentro de esta inhumana situación eran las madres y las mujeres del grupo porque les ayudaba el condicionamiento religioso y social dentro de su cultura, o sea la pasividad ante el hombre, lo divino y el destino. Este condicionamiento las preparó no sólo para aguantar su situación, sino que también las ayudó a soportar la condición social y económica del grupo ante "los otros" (la superestructura, los ricos, los patrones, los anglos, etc.). También se delineaban como catalizador en la rebelión del hombre ante su situación y la aceptación completamente pasiva que pudieran adoptar. "Un rezo" es el ejemplo perturbador pero significativo de este condicionamiento cultural por medio de la religión:

. . . ¿Por qué se lo han llevado? *El no ha hecho nada. El no sabe nada. Es muy humilde.*
. . . Aquí está mi corazón por el de él. Aquí lo tienen.
. . . Mi corazón *tiene su misma* sangre (pág. 15).

En este rezo la madre hace una analogía de la situación de ella con la de su hijo. El es como ella; en otras palabras su hijo se apega al patrón de condicionamiento requerido para "ser bueno", y como los dos son iguales, el corazón debe ser el mismo.

Este condicionamiento cultural se proyecta aparentemente a los demás miembros del grupo, que no parecen saber reaccionar fuera del condicionamiento que los representa como seres pasivos y conformes, cuyo comportamiento es de fácil suposición dadas las reglas de conducta social impuestas por la cultura del grupo. Este panorama es engañador no tanto en la obra como en la visión estereotipada del grupo proyectada a los cincuenta. Hay críticos que al estudiar la obra optan por una premisa u otra y no ven más allá. Las dos premisas son: (1) que este grupo chicano estaba tan condicionado por su cultura (inclusive el culto de la pobreza) durante la década de los cincuenta que no les era posible reaccionar fuera de ese condicionamiento: (2) que es inconcebible que este grupo chicano pudiera haber estado en una condición catatónica, es decir, sin darse cuenta de lo que sucedía a su alrededor y tomar conciencia de su propia opresión para reaccionar en contra de ella. Estos puntos de vista se traducen por una parte en la insistencia de juzgar a este grupo social chicano a través de la imagen estereotipada muy común en los cincuenta y, por la otra, la de juzgar a ese mismo grupo a través de la conciencia social del presente. Unos culpan a la cultura interna del grupo, otros culpan a la superestructura social fuera del grupo.

A pesar de que hay cierto valor básico en estas dos suposiciones, es preciso relacionar la una con la otra para poder apreciar la interdependencia entre las dos estructuras sociales y para estudiar los efectos que una ha tenido en la otra. Estos efectos que relacionan estrechamente al colonizante y al colonizado, o sea al opresor y al oprimido, tienen raíces profundas en ambos grupos. Como dice Memmi, en *The Colonizer and the Colonized*: "el hombre es un producto de su situación objetiva";[20] y yo añadiría, y también de su situación subjetiva dentro de la colectividad, o sea, la realidad de su situación dentro y fuera del grupo al que pertenece. El colonizador o grupo dominante no puede subyugar al oprimido si no lo condiciona al miedo y a la inutilidad de la lucha en contra del opresor. El dominador debe mantener a toda costa un mecanismo de opresión basado en lo que el pueblo oprimido teme más que nada: Dios, el diablo y la enfermedad. Estos elementos son los factores principales captados por Rivera al relacionar pragmáticamente el texto con el contexto social de ese tiempo. La rebelión en contra de esos mecanismos de opresión se perfila poderosamente en los cuentos ". . . y no se lo tragó la tierra", "La noche estaba plateada" y "Cuando lleguemos". Juan Rodríguez embiste contra la religiosidad al analizar el texto desde el punto de vista religioso.[21] Oscar U. Somoza estudia la ataraxia aparente en el pueblo al analizar los diferentes grados de impotencia que demuestra ante las fuerzas que parecen mantenerlo inerme: la enfermedad, la muerte, el poder de Dios, el poder del mal y el poder del sistema. Pero este crítico toma conciencia de que el temor colectivo a estos poderes también causa una interdependencia colectiva en el grupo que les impone la ayuda mutua para sobrevivir.[22]

El elemento humano representativo del grupo dominante es aludido a través de la obra pero sólo en rasgos negativos que llegan a reforzar la imagen de explotación económica y social. Los siguientes ejemplos sacados de las anécdotas y de los cuentos darán una idea representativa de este elemento intrínseco a la obra. El viejo que mató al niño en "Los niños no se aguantaron": "Sí, ya perdió el rancho. Le entró muy duro a la bebida. Y *cuando lo juzgaron y que salió libre* dicen que se dejó caer de un árbol porque quería matarse. —Pero no se mató, ¿verdad? —Pos no" (pág. 7). Los niños americanos en "Es que duele": "Hey, Mex . . . I don't like Mexicans because they steal. You hear me? —Yes. —I don't like Mexicans. You hear, Mex? —Yes" (pág. 24). El encargado del basurero en "Es que duele": "Si viene el dompero a ver qué andamos haciendo, díganle que venimos a tirar algo. Es buena gente, *pero le gusta quedarse con unos libritos de mañas* que a veces tira la gente" (pág. 24). La americana en la anécdota antes de "La Nochebuena": "Dicen que la americana que iba en el carro era de un condado seco y que *había estado tomando* en una cantina de puro pesar que la había dejado su esposo" (pág. 119). El empleado del Kres que interceptó a doña María en "La Nochebuena": "Here she is . . . *these damn people, always stealing something, stealing.* I've been watching you all along. Let's have that bag" (pág. 124). El prestamista gringo en "Cuando lleguemos": ". . . con el dinero que me prestó el señor Tomson tenemos para comer a lo menos unos dos meses. . . . Y luego cuando regrese *le tengo que pagar lo doble*" (pág. 150).

Hay varias otras descripciones del gringo en la obra y todas siguen este patrón negativo aun cuando sea imparcial, como ocurre con la maestra en una de las anécdotas, que se queda perpleja por la falta de comprensión cultural al darle el niño un botón de su única camisa para ayudarle: "No supo [la maestra] si lo hizo por ayudar, por pertenecer, o por amor a ella. Sí sintió la intensidad de las ganas y más que todo por eso se sorprendió" (pág. 93). Estos rasgos negativos con los cuales se describe al representante del grupo dominante (racismo, degeneración, alcoholismo, discriminación, etc.) refuerzan el significado de la lucha del grupo campesino chicano, que desea retener a toda costa su tradición cultural, que considera positiva y preferible.

Con estos ejemplos vemos claramente que Tomás Rivera se apegó al contexto social de la década de los cincuenta y representó fielmente la condición social y sicológica del grupo novelado, sin la intrusión de los eventos sociales de los sesenta. Por esta razón, a primera vista el grupo campesino chicano que describe parece conforme y totalmente dominado por los elementos negativos de su cultura, como el sentido de inferioridad, la dependencia religiosa, la superstición, la envidia solapada[23] y la explotación interna del grupo por ellos mismos. Esta apariencia de inercia y conformidad se ve acentuada por la falta de acción social o militancia política, muy en boga en la literatura chicana que se escribía cuando apareció *Tierra*. Sin embargo, la obra es una cadena de sucesos que muestran la rebelión en contra del poder y la toma de conciencia social que, al reconocer y aceptar su identidad, dispone al protagonista-pueblo a la acción que lógicamente resultará de esa toma de conciencia. Tomás Rivera tomó conciencia en ese tiempo y estuvo listo para el compromiso que adquirió como consecuencia y que lo llevó a la acción: la creación de... *y no se lo tragó la tierra*.

Contratexto: La conciencia adquirida

Ahora pasamos a situar la obra en el contexto social e histórico dentro del cual fue publicada. *Tierra* apareció en agosto de 1971 después de unos avances publicitarios acerca del premio recibido el año anterior. Esta publicidad se hizo en varios números de *El Grito*, órgano literario de la misma editorial que publicó la obra, Quinto Sol Publications. El público lector académico y estudiantil acogió la obra con un elogio anticipado; es decir, los avances publicitarios ya habían dispuesto al público con una imagen del valor literario de la obra, como es natural si se espera tener éxito en la distribución. Sin embargo, como ya se dijo, *Tierra* apareció sin mucha pretensión, pues la sencilla encuadernación no daba indicios del contenido de la obra. Rivera dice que él mismo aprobó el formato porque "lo que más le interesaba a él y debiera interesar al lector era el texto y contexto interno de la obra porque *Tierra* era una 'obra interna'."[24] A causa de su formato bilingüe, el libro fue inmediatamente acogido por lectores de ambas lenguas, siguiéndose las reseñas positivas que se esperaban de una obra tan innovadora dentro de la naciente literatura chicana, y más en el género novelístico. Siendo la primera novela chicana escrita en español, *Tierra* asentó precedentes en la forma de expresión, generando un modelo que serviría para las demás novelas que se escribirían en ese idioma. Los críticos inmediatamente la compararon literaria y estructuralmente con otras obras de mérito literario dentro de las literaturas hispanoamericanas. Los departamentos de español empezaron a tomar en cuenta a la literatura chicana y se aventuraron a desviar sus críticas y reseñas, aportando sus estudios a la naciente y pujante crítica literaria chicana.[25]

Han pasado varios años desde la primera edición de *Tierra* y ahora se puede apreciar en retrospectiva el impacto literario y social que causó la obra y la evolución artística y profesional de su autor.

Para 1971 ya se habían establecido programas y departamentos de estudios chicanos en varias localidades de la Universidad de California, en Texas y en muchas partes del Suroeste, impulsados por las demandas y exigencias del activismo chicano de los sesenta. Cursos de literatura chicana eran de rigor en el plan de estudios de estos departamentos, puesto que no había mucho material sobre la experiencia cultural y social chicana. En otros cursos se interesaban por crear una dinámica en la conciencia social del estudiante, que se encontraba perplejo y confuso ante la novedad de su identidad como chicano. La lucha dentro de estos planteles académicos se intensificaba al tratar de conseguir permanencia, justificación y legalidad para estos programas. Se habían establecido por la expediencia y empuje del movimiento y por la presión a dichas instituciones, que cedían con la seguridad de que estos programas se iban a autodestruir por las luchas e intrigas internas sin que ellos levantaran un dedo. Desafortunadamente, así sucedió con muchos programas, pero afortunadamente otros sobrevivieron para imponer el modelo y comprobar la posibilidad de éxito.

El ambiente sociocultural del chicano durante los primeros años de los setenta era de una lucha constante por legitimizar su presencia en todas las facetas de la estructura social americana, pero más que nada en lo político y en lo educacional. El elemento cultural del chicanismo desgraciadamente ha quedado sin resolución en la retórica del movimiento, pues a pesar de que se le concede importancia radical a la cultura, ésta ha permanecido estática y sin mucho interés de parte de la comunidad y el estudiantado. Esto se puede apreciar en la escasa concurrencia que participa siempre que se invita a un poeta, músico o escritor a dar una conferencia o a exponer su arte dentro de los "centros culturales" de la comunidad y de la universidad. A pesar de los esfuerzos hechos por los escritores y poetas tales como organizar los festivales de "Floricanto", "Canto al Pueblo" y demás reuniones artístico-literarias, éstas están perdiendo interés por falta de representación y participación de escritores que, en muchos casos, no tienen los recursos necesarios para asistir. Sin embargo, esta situación no ha desalentado a los escritores chicanos. En los años después de la aparición de *Tierra* se han publicado cuatro novelas más en español y diez en inglés. Una de ellas, *Klail City y sus alrededores* de Rolando Hinojosa, escrita en español, obtuvo el premio Casa de las Américas en Cuba, situando en esa forma a la literatura chicana al par de la literatura hispanoamericana.

Tierra es la obra escrita en español que más se ha vendido hasta la fecha. La obra, siendo la primera en español y habiendo recibido meritorios estudios y reseñas, asentó varios precedentes en la novelística chicana. Actualmente, acaba de salir una tercera edición revisada por la nueva editorial *Justa* dirigida por Herminio Ríos. Esta vez ha habido cambios en el formato del libro. En la portada se encuentra ahora un dibujo por Danny Martínez, quien ilustró el libro *Bless Me, Ultima* de Rudolfo Anaya. Danny Martínez es un artista de Nuevo México que reside actualmente en Los Angeles. Este formato se adoptó para ilustrar el cambio de editorial y para incrementar las ventas de un libro convertido ya en clásico dentro de la novelística chicana.

Tomás Rivera, como autor y creador de la obra, también ha experimentado profundos cambios personales, artísticos y sociales relacionados con la escritura de *Tierra* y con su profesión académica. Como autor ha asistido a numerosas conferencias dentro y fuera del país[26] representando la creatividad literaria chicana y describiendo su realidad como escritor minoritario. Su carrera profesional fue impulsada por la obra, pero para entonces ya estaba preparado profesionalmente para funcionar dentro del ámbito académico y administrativo. Al publicarse *Tierra*, Rivera se asoció como profesor de Lenguas Romances en la Universidad de Texas en San Antonio, obteniendo después el puesto de vicepresidente de dicha universidad; en septiembre de 1978 aceptó el puesto de vicepresidente de la Universidad de Texas en El Paso, y en 1979 el de Rector de la Universidad de California en Riverside. A pesar de su extenuante labor administrativa, Rivera no ha dejado de escribir y ha publicado varios artículos críticos y de investigación literaria. Sin embargo, las futuras obras de creación literaria se han suspendido momentáneamente por las exigencias de sus cargos administrativos. Nos dice el autor que vuelve a ellas cada vez que tiene tiempo y pronto saldrá su segunda novela.[27]

Viendo en retrospectiva su propia obra, Rivera se encuentra satisfecho con ella porque *Tierra* llegó a ser todo lo que él esperaba. "No tenía la menor duda", dice el autor, "pues cuando uno escribe sobre las personas queridas con quienes tuvo contacto y cuyas vidas documenta, esta acción comprometida se proyecta a la asimilación documental del pueblo."[28] Lo único que quisiera Rivera es que la obra fuera leída más por el pueblo a quien va dirigida, pero admite que a pesar de que era lógico que su obra fuera primeramente acogida por los académicos y estudiantes de dicha literatura, la obra se está filtrando poco a poco dentro del pueblo. *Tierra* se está usando actualmente como texto en varios programas escolares para niños de familias migratorias en Texas y en otras partes del Suroeste donde se encuentran estos programas.

La pregunta que más ha tenido que contestar el autor ha sido sobre la aparente pasividad con que pinta el comportamiento del pueblo novelado. Y él contesta:

¿Qué tiene de pasivo maldecir a Dios? La frustración del pueblo se incrementaba adentro de ellos por la toma de conciencia sobre su situación económica y social, estallando en contra de sus creencias culturales sin condenar la sociedad. Si describo a alguno de ellos como pasivo es porque lo era. Sin embargo, considero a este pueblo muy heroico al perseguir migratoriamente la existencia económica sin alguna protección del sistema, y al preservar a toda costa la unidad de la familia dentro de una condición social en la que se encontraban peor que esclavos. Los esclavos tenían más protección que ellos, ya que eran considerados propiedad privada. Pero este pueblo era descartado y desechado al terminar su utilidad en la labor.[29]

Conclusión

Hemos puesto a la obra y a su autor en diferentes contextos sociales e históricos: en los cincuenta, tiempo histórico en que acontece la acción de la obra; en los sesenta, tiempo de su creación, y en los setenta, tiempo de su publicación. Mucho ha cambiado la sociedad desde los cincuenta, pero cada época tuvo sus propias características sociales, económicas y políticas que afectaron profundamente a la totalidad de la obra y a la conciencia del autor. Al yuxtaponer la obra y la mentalidad del autor con estas circunstancias, se clarifica y se explica la totalidad de la obra en el contexto social e histórico que la produjo. Por medio del enfoque y estudio sociológico de una obra literaria, se llega a determinar los factores que contribuyen a su elaboración. Estas obras no se producen aisladamente sin relación al tiempo-espacio histórico dentro de la cual se producen; son el producto colectivo de toda su circunstancia, que se refleja dentro de las obras en alguna forma u otra: la intervención del autor, los valores predominantes y la forma de expresión, que delata más que otro elemento estas circunstancias influyentes.

No ha sido mi intención en este estudio detenerme detalladamente en el análisis del texto, ya sea formal o estructural. El objeto aquí ha sido analizar el compromiso social del autor reflejado en su obra y motivado por los sucesos históricos y sociales que apartan dichas obras de la estética tradicional literaria vigente durante su producción. Para los enfoques detallados sobre el texto tenemos que recurrir a los críticos que se han propuesto estudiar ciertos elementos estructurales, sicológicos y formales que nos ayudan a profundizar en el texto mismo. Juan Rodríguez nos proporciona un estudio sobre la religiosidad en *Tierra* y su función en ella así como un acercamiento a algunos de los relatos. Juan Bruce-Novoa estudia el "espacio literario" dentro de la obra, y Frank Pino la estudia sicológicamente en el desdoblamiento del protagonista. Joseph Sommers provoca la posibilidad de otros enfoques críticos.

La creación y publicación de *Tierra* ha tenido un impacto social no solamente dentro del pueblo chicano sino que también en las letras americanas e hispanoamericanas. Estudiosos e investigadores de estas literaturas se han visto en la necesidad de tomar otras posturas en cuanto a la aparición de este tipo de literatura proveniente de grupos antes insospechados de poder crear obras literarias. La influencia que ha tenido *Tierra* dentro de la literatura hispanoamericana ha sido también significativa, puesto que un grupo marginal a la familia hispanoamericana, el chicano, está produciendo obras de calidad. El mundo hispánico se ensancha y se extiende con la producción de esta nueva literatura que le proporciona nuevos y diferentes marcos de referencia; éstos ayudan a iluminar los estrechos lazos de interdependencia cultural y social para comprender mejor la condición socioeconómica de la América hispánica. En cuanto a las letras en los Estados Unidos, se está realizando una revalorización interna; se trata de incluir las literaturas producidas por los diferentes grupos culturales que componen la realidad estructural de la sociedad americana. Y el pueblo chicano se autodefine y se documenta por medio de estas obras para cobrar la existencia que antes le negaba la sociedad dominante. Como dice Alurista, "*Tierra* es lo inverso de *La vorágine* de José Eustasio Rivera. En esa obra todos fueron devorados por la jungla, la naturaleza, pero en *Tierra*, el pueblo sobrevive porque no se lo tragó la tierra ni se los tragará."[20]

"... entre más indio es el campesino, más condenado
está a la esclavitud y al olvido."
—Miguel Méndez

Capítulo II

MIGUEL MENDEZ Y EL COMPROMISO CON EL PUEBLO

Peregrinos de Aztlán

Los indeseables

Tal vez ninguna otra novela chicana escrita en español haya tenido mayor acogimiento y recepción que la obra de Miguel Méndez, *Peregrinos de Aztlán*. La crítica ha sido unánime en sus elogios sobre esta compleja novela admirablemente narrada por un autodidacta cuya única formación literaria fue su voraz obsesión de lector. Desde que conocimos sus primeros cuentos, "Tata Casehua" y "Taller de imágenes, pase",[1] no se esperaba menos de Méndez que una obra maestra. Es aún temprano adjudicarle este sello a la primera novela de Méndez; sin embargo, ya se le considera ejemplar e importante dentro de la naciente literatura chicana.[2]

Es menester hacer la aclaración de que al aludir o clasificar esta obra de "ejemplar", "clásica" o de posible "obra maestra", lo estamos haciendo dentro de la trayectoria de la novela chicana y no comparándola con otras de la novela hispanoamericana o inclusive nacionales. Tenemos que recordar que no hace mucho todavía se creía que los chicanos eran incapaces de manejar el inglés o el español. Lo admirable es que los chicanos estén escribiendo obras de esta clase en tan corto tiempo después de haber "descubierto" su lengua. Sin embargo, pese a que Méndez trate de deslumbrarnos con sus malabarismos lingüísticos, el objetivo de su obra es patentizar el compromiso social que tiene el autor con su pueblo. Por la obra desfilan todos los personajes despreciados por una sociedad "decente" que los ve como indeseables a causa de cierto estado o condición humana no aceptada por dicha sociedad. Méndez se preocupa por esta clase desheredada, dándole voz entre sus páginas para dejar que sus representantes apunten el dedo acusador hacia esa sociedad que los margina como parias. El mojado, el indio, el chicano, el fracasado, la prostituta, el drogadicto, el engañado nos dejan un documento acusador en la obra. Méndez también nos proporciona sus verdugos: el juez, el político sin escrúpulos, el padre sin amor, el comerciante inmoral, el padrote y el más peligroso de todos, el lector indiferente.

Peregrinos es el documento de ese elemento olvidado del pueblo que cobra voz en la historia al relatarnos sus vidas para que quien las oiga comprenda por qué quieren alcanzar "la tierra prometida" y terminar su perpetuo peregrinaje. Unos han llamado a *Peregrinos* "novela de tesis",[3] y otros han encontrado un mensaje dentro de la obra, "a saber, que el chicano es dueño de su situación y de su porvenir, que ha sido víctima de un penetrante y despiadado engaño, porque se le ha hecho creer que su estado natural es la pobreza y la ignorancia."[4] Lo que sobresale en esta obra es el documento social acusador al alcance de un Víctor Hugo. Si bien la novela ha sido elogiada por su riqueza de lenguaje y lo variado de la expresión, no menos sobresaliente es la temática de la opresión, en donde el pueblo-protagonista es asediado no solamente por una sociedad fronteriza estructurada por medio de valores basados en la explotación humana y económica sino también por dos superestructuras políticas que convergen en un mismo lugar. Ese lugar es la frontera México-Estados Unidos. El local específico es Tijuana, Baja California. La historia de Tijuana y el propósito de ella es producto de la codicia y de la explotación económica por fuerzas políticas de ambos lados que se aprovechan de la condición humana concentrada en esa región.

Pero esta opresión proveniente de los sistemas políticos y económicos palidece ante la tremenda opresión perpetrada por el hombre mismo. "Una de las cuestiones más serias de nuestro tiempo", dice el presidente mexicano José López Portillo, "es el hecho de que existen hombres que pueden comprar a otros hombres, y que también hay hombres que tienen que venderse."[5] Evidentemente López Portillo se refiere a los "espaldas mojadas" que cruzan incesantemente la frontera hacia los Estados Unidos, pero esta declaración es aplicable también a la situación económica prevalente en casi toda la frontera. Miguel Méndez ha sido y es parte de ese elemento del pueblo a quien él representa en su obra, pese a que haya críticos bien intencionados como Edward Simmens, quien escribió: "At any rate, neither the upper-class Mexican-American nor the lower-class laborer has produced literature: The former is not inclined; the latter is not equipped."[6] Poco se dio cuenta el señor Simmens que pronto después de haber escrito esta observación, un obrero perteneciente a esa clase trabajadora tendría más que los recursos necesarios para aportar a la literatura universal un documento socioliterario de gran mérito como lo es *Peregrinos de Aztlán*.

Pretexto: Génesis de un escritor

Miguel Méndez ha sido, hasta la fecha, el único escritor chicano que se formó él mismo dentro de la rigurosa disciplina de las letras. Las presiones económicas de la vida obrera para sobrevivir en un ambiente en donde el hambre y la miseria ocupan un lugar primordial no le dejaban ni alientos ni tiempo para un menester como las letras. Sin embargo, la visión personal y artística de Méndez lo ayudó a alcanzar esa meta; las leyes del determinismo estaban por ser desafiadas por un hombre cuya motivación era alentada por un compromiso más fuerte que la impuesta por su condición social. Miguel Méndez sobresale de su elemento por medio de una determinación vinculada con un compromiso hacia su clase y su pueblo. El mismo es el individuo que habla por su pueblo, el que no necesita hablar la lengua de sus opresores para expresarse, porque tiene convicción de que su idoma es más rico y vital que el de sus amos. ¿Cómo aprendió a expresarse este miembro de la clase obrera? Leyendo los fracasos de sus amos.

El párrafo anterior puede ser una biografía romántica del héroe tradicional; Méndez se refiere a su vida en forma parecida: "mi vida debiera de tener un título de novela de folletín."[7] En este aspecto la vida del autor de *Peregrinos* parece contrastar antitéticamente con el pueblo-héroe de su obra. Pero este pueblo también tiene varias dimensiones que lo llevan desde lo romántico hasta lo trágico.

Miguel Méndez Morales nace en Bisbee, Arizona en 1930, hijo de padres inmigrantes de Sonora, México, que se establecieron en una región minera poco antes que naciera Miguel. Al llegar la Gran Depresión, el padre de Méndez regresa a Sonora con su esposa y cinco hijos, atraído por la repartición de tierras durante la presidencia de Lázaro Cárdenas en México. Desde entonces, la familia tomó residencia en un pueblito sonorense llamado El Claro cerca de los ejidos contraídos que juntos no llegaban a una población de mil habitantes. Méndez fue enseñado a leer a la edad de cinco años por su madre, que no soportaba sus continuas súplicas para que le leyera todo lo escrito que llegaba de los Estados Unidos. Así fue que el joven escritor ingresó a la escuela primaria con un conocimiento adelantado en la escritura. Siendo sus padres naturales de Sonora, Méndez tenía en su sangre la orgullosa estirpe de los indios yaquis de esa región y sentía una comunión de herencia con ellos. Los yaquis y su historia fascinaban al joven, que trataba de extricar la razón por la cual esa raza inquebrantable y misteriosa había llegado entonces a tan lastimosa situación de miseria y olvido. Méndez hablaba después del trabajo con los ancianos del pueblo, quienes le contaban las leyendas y mitos de sus antepasados, los grandes jefes Opodepe y Cajeme, y la historia del gran genocidio perpetuado sobre el pueblo yaqui por las fuerzas federales de Porfirio Díaz. No sería difícil suponer que estos viejos guardianes de los mitos yaquis hayan iniciado al joven interesado en el antiguo arte de conservar historias y leyendas. Méndez algún día escribiría sobre estas leyendas yaquis en otro lenguaje que diera a conocer la realidad indígena preñada de símbolos milenarios y ritos desconocidos.

Los años que vivió Méndez en El Claro le sirvieron de iniciación e introducción a las voces misteriosas del desierto y de los yaquis, elementos que brotan de sus obras con asombrosa familiaridad. Sin embargo, la madurez precoz y la sed de aventuras obligan a Méndez a los quince años a abandonar la familia y la región, empezando un peregrinaje que lo detiene hasta ahora en Tucsón. El joven empieza a trabajar en el campo cosechando verduras de la región y aprendiendo el oficio de albañil en las construcciones vecinas. A pesar de este arduo trabajo, Méndez no abandona la lectura y por las noches, después del trabajo, empieza a escribir. A los dieciocho años Méndez escribe su primera novela. Esta obra, nos dice el autor, "era una novelita de 120 a 150 páginas a la que nunca le puse nombre y que todavía la tengo sin publicar."[8] La necesidad de publicar no le interesaba por el momento porque pensaba que sus historias sobre la gente que había conocido no le interesarían a nadie. Pero seguía experimentando en sus cuentos y rimas hasta que se vio envuelto en el naciente movimiento chicano de los sesenta. Al principio se confundía con la retórica de la nueva conciencia, puesto que no estaba metido en los centros estudiantiles ni en los grupos que militaban y abogaban por un cambio social y político que sacara a las masas minoritarias del pasivo letargo. Méndez presintió, en ese nuevo movimiento que postulaba la emancipación del pueblo chicano para preservar a su herencia cultural, la brecha que esperaba para dar luz a su creación artística.

Para entonces Méndez ya tenía escritos varios cuentos, poemas y la inédita novela de su juventud. La tarea que él mismo se había impuesto en sus obras era el dominio de su lengua; trató de integrar todos los matices lingüísticos y giros regionales de las personas con quienes él había convivido. Pero la preocupación especial seguía siendo el pueblo, cuyas historias se propuso documentar en sus obras. El trabajo de albañil que desempeñaba en Tucsón le dejaba poco tiempo para perseguir su ambición de ser escritor. Ese trabajo le requería levantarse antes de la madrugada para avanzar las construcciones antes de que el sol candente del desierto los obligara a detener la obra. Al terminar el trabajo, el escritor albañil leía todo lo que podía y después se ponía a escribir durante la noche, a veces a candil, tratando de experimentar con técnicas y estilos que pudieran dar forma al inmenso caudal de historias almacenadas en su memoria. Sin tener a su alcance las herramientas con las cuales poder forjar su arte, Méndez se vio obligado a invertir muchos años enseñándose a sí mismo la profesión de escritor. Las imágenes y las metáforas eran su obsesión y podía pasar semanas enteras escribiendo cientos de cuartillas en diferentes estilos, como quien ensaya constantemente para dominar un instrumento musical. De esa manera Méndez también ensayaba la poesía y el drama. Escribía de todo a la vez, y dejaba un género para empezar otro. Su obra poética, fuerte y refinada, sería publicada después en un solo poema épico, *Los criaderos humanos*.

Pero no todos sus momentos libres los ocupaba en la escritura. Méndez encontraba sus fuentes en el gozo de platicar con la gente que trabajaba con él en la construcción y en la cosecha. Le interesaban las historias y las opiniones de estos hombres que parecían estar en constante peregrinaje, pues a menudo desaparecían para otros rumbos en constante búsqueda por mejorar su condición humana. A cambio de esas historias, él les contaba las suyas, obsequiándoles un lenguaje rico y versátil que deleitaba a los oyentes. A Méndez le gustaba viajar a Mexicali y a las ciudades fronterizas de Arizona, en donde se encontraba constantemente con una humanidad embotellada por la codicia del hombre. En esa situación el autor podía observar el vaivén peregrinador de tipos que convergían en la frontera, convertida en un enorme zoológico humano creado para los compradores de cuerpos humanos. Méndez consideraba a la frontera como una larga franja de criaderos humanos donde los hombres estaban al amparo de contratistas sin escrúpulos. Es curioso que Méndez haya visitado a Tijuana una sola vez, pero esa visita le causó un impacto revelador porque allí, según él, se encontraba toda la injusticia que había visto, magnificada en sus detalles más dolorosos. Tijuana era el escenario que había buscado para su obra. En esta ciudad Méndez vertiría todas las historias inconexas que había ido recogiendo, para unirlas bajo un ambiente urbano que adoptaba a todos los escarnecidos y desechados por ambas sociedades.

El Grito, revista literaria chicana de Berkeley, California, da a conocer por primera vez los cuentos de Miguel Méndez en 1968. "Tata Casehua" y "Taller de imágenes, pase" son recibidos por un público que al ver las potentes imágenes y la destreza lingüística mendecina, se aseguran que la olvidada cultura chicana no ha muerto. Al ver publicados sus cuentos y al darse cuenta de la favorable reacción literaria, Méndez sufre un cambio inesperado en su vida personal. Habiéndosele reconocido sus dotes como escritor, es invitado por universidades a presentar conferencias sobre sus obras y filosofía personal. Hombre maduro y humilde en su presencia, no estaba acostumbrado a la admiración literaria que habían causado sus cuentos. Aceptaba hablar en conferencias porque se sentía obligado a corresponder y a "no quedar mal con nadie", pero su trabajo de albañil no le había proporcionado ningún entrenamiento para hablar en público. Sin embargo, dice, "le pedía al maistro unas cuantas horas de vez en cuando para arreglar asuntos personales"; iba a su casa y se ponía el único traje que tenía para después dar una conferencia en la universidad a profesores de literatura. El público académico se sorprendía ante este hombre sencillo y humilde que les decía que era albañil de profesión y escritor por afición, que apenas había terminado la primaria y que se había enseñado a escribir él mismo. Igualmente les sorprendía la facilidad de palabra con la cual se expresaba el albañil escritor a pesar de su evidente incomodidad nerviosa al hablar.

La versatilidad creadora demostrada en sus cuentos no era un talento adquirido de la noche a la mañana; era el fruto de largas horas de soledad a la luz de una vela. Méndez les decía:

> . . . hace mucho tiempo que escribo. Fue una necesidad grande, pero con las reservas de autodidacta traté de conquistar un lenguaje. Posiblemente me falte mucho camino para dominarlo en su amplitud necesaria para crear literatura. Sin embargo he escrito porque me apasiona la literatura y después que he escrito, examino mis escritos para ver qué contienen y veo que lógicamente viene de lo social. Claro, puesto que yo he pasado trabajando muchos años en las zonas agrícolas y en la construcción. Por supuesto que deriva de allí. . . En cuanto a la inquietud artística, pues está latente en cualesquier parte en donde haya un núcleo humano que sufre y que tiene necesidad de expresar su historia. La técnica no se la he pedido prestada a nadie. Como autodidacta he hecho lo que he podido, y así, tengo inquietudes estéticas igual que muchos autores.[9]

El interés literario que despertaron sus cuentos proporcionó a Méndez la prueba que esperaba: las historias del pueblo oprimido habían encontrado quién las escuchara. Esta prueba dio aliento al escritor para seguir juntando sus historias y publicarlas como novela. Su vida ya se había alterado; no sería la misma. Sus compañeros de trabajo lo veían con asombro, pues si bien no le habían creído al principio que daba conferencias en las universidades y que sus cuentos se publicaban y se elogiaban, no pudieron más que aceptar la verdad al ver en el periódico reseñas de sus obras y conferencias. Pero Méndez, el hombre, no cambiaba. Seguía trabajando en la construcción y escribiendo hasta la madrugada. Al abrirse el Colegio Pima en las afueras de Tucsón, sus amigos le aconsejaron solicitar el puesto de profesor de literatura hispanoamericana y lengua española. No creyendo tener la menor oportunidad de conseguirlo por falta de credenciales, se presentó a varias entrevistas en donde se vio obligado a exponer toda su erudición sobre la literatura, no sólo la hispanoamericana sino incluso la universal. Es tan vasto el conocimiento que tiene sobre literatura que sus interpelantes quedaron asombrados y le otorgaron el puesto por sus propios méritos. En el año de 1970, Miguel Méndez se convirtió en profesor de literatura hispanoamericana y de lengua española en el Colegio del condado de Pima. Desde entonces alterna cátedras con la Universidad de Arizona.

En 1973 el autor de cuentos se siente satisfecho con su primera novela. La tiene ya terminada pero no encuentra quién se la publique por estar escrita en un español difícil de traducir en poco tiempo al inglés. Méndez y un grupo de amigos, que incluye otro escritor chicano en condiciones similares, Aristeo Brito, fundan la Editorial Peregrinos,[10] que se dedicará a publicar libros en español y a fomentar la escritura en esa lengua. *Peregrinos de Aztlán*, la primera novela de Miguel Méndez, se publica en la primavera de 1974.

Texto: El lenguaje chicano en acción

Debido a la falta de talleres en Arizona que tuvieran las facilidades para imprimir una obra totalmente en español, la primera edición de *Peregrinos* fue impresa en los talleres de la Imprenta Núñez de Guadalajara, México. Otro factor que determinó su impresión en el extranjero fue el bajo costo de producción. Esta novela era la primera publicación de la Editorial y casi toda la inversión se jugaba en ella. Este hecho no tendría importancia si no fuera que el libro salió al mercado con algunos errores tipográficos a causa de que Méndez se vio impedido de revisar adecuadamente las galeras. Juan Rodríguez lo nota y comenta: "También manchan la obra más de cien errores tipográficos. La mayoría no estorban la lectura tanto como la molestan.... En gracia de la verdad, empero, debemos hacer constar que el autor, por razones ajenas a su voluntad, no pudo estar al cuidado de la impresión de su novela."[11] Sin embargo, la empresa dio resultado; la primera novela de Miguel Méndez iba precedida por la expectativa que habían generado sus primeros cuentos.

El libro está empastado de color negro con un dibujo en la portada por Angel Hernández, dibujo simbólico de la temática de la obra: el cuerpo inerme de un campesino con el corazón traspasado por una estaca y clavado con ella a un enorme sahuaro.[12] Arriba del dibujo, con letras grandes, está la palabra "novela", y abajo con letras rojas más pequeñas, el título de la obra y el nombre del autor. La clasificación "literatura chicana" está impresa entre el título y el nombre del autor. Esta terminología es significativa puesto que *Peregrinos* es la primera obra, dentro de la novelística chicana, que ostenta esta autoclasificación de *novela* y *literatura chicana*.[13] La contraportada lleva el retrato del autor, una pequeña biografía y una nota sobre la novela por el escritor mexicano Miguel González Gómez. El libro contiene un prólogo y el texto está dividido en tres partes.

El autor nos dice en el prólogo: "Hice un plan y una estructura previa, lector, para escribir algo que conmoviera sensibilidades exquisitas."[14] Méndez nos presenta este plan y estructura en forma fragmentada para crear un mosaico de vidas e historias entretejidas, enmarcadas dentro de dos escenarios imponentes: una ciudad fronteriza y el inmenso desierto de Sonora. En el prefacio, Méndez nos da a conocer el esfuerzo literario que ayudó a crear la obra para realizar el compromiso que tenía con su pueblo: "De estos antiguos dominios de mis abuelos indios escribo esta humildísima obra, reafirmando la gran fe que profeso a mi pueblo chicano, explotado por la perseverancia humana" (pág. 10). Al continuar, el autor nos previene sobre el lenguaje de la obra, compuesto de expresiones que Méndez encuentra ser fieles al habla de los personajes que retrata:

> Me propuse con justa indignación ridiculizar el palabrerío entrometido, haciendo mofa y risión de un léxico que anda en lenguas de vulgares malhablados; pero las palabras rebeldes me aseguraron que se impondrían en mi escrito para contar del dolor, el senti-

miento y la cólera de los oprimidos; ante todo arguyeron ser la fiel expresión de las mayorías y que con un lenguaje vivo más vida enseña un relato que con el fosilizado, sublimador de lo muerto en bellas esculturas de mármol (pág. 10).

Obviamente no es que el autor se disculpe por recrear el habla de los "vulgares malhablados", ya que de esta manera afirma que ese lenguaje ha sido la única manera de representar la realidad social que forma el fondo de la novela. Sin embargo, el autor aboga por la obra al terminar el prefacio:

> Lee este libro, lector, si te place la prosa que me dicta el hablar común de los oprimidos; de lo contrario, si te ofende, no lo leas, que yo me siento por bien pagado con haberlo escrito desde mi condición de mexicano indio, espalda mojada y chicano (pág. 10).

El texto nos presenta un astuto panorama de las vidas de oprimidos y opresores en conflicto. Por medio de los relatos aparentemente inconexos, descubrimos la existencia de una incontrolable situación de injusticia humana. Esta injusticia infiltra todos los rincones de la sociedad; no hay quién esté a salvo de la ansiedad por sobrevivir dentro de una economía selectiva que rige los destinos de todas las clases sociales. Por esta razón los personajes y relatos dentro de la obra están relacionados, puesto que todo tiene causa y efecto dentro de esta estructura singular en donde los mismos hombres se convierten en "seres mercancías". Para crear este mundo de la novela, el autor emplea las historias de varios individuos, entrelazando sus vidas como un enjambre alrededor de un personaje, Loreto, que se convierte en el elemento unificante de la novela.

La narración de estos relatos es rica y variada, amoldándose a cada situación, personaje, mensaje o sensibilidad que se trata de crear en el ambiente de la obra. La intromisión de un narrador omnisciente no logra velar la idiosincracia y los valores del autor; su voz juzga y condena, comenta y hace filosofía. La voz del autor se percibe en los pasajes escritos en bastardilla, en donde él se explaya para elucidar la tesis que forma el concepto básico de su obra: la creación de una república que habitarían los espaldas mojadas, los indios sumidos en la desgracia y los chicanos esclavizados: "la República de Mexicanos Escarnecidos". En otros pasajes el autor mismo se retrata en personajes secundarios que nos ofrecen una visión física y testimonial, con la intención de aportar verosimilitud documental: "era el otro chicano, un sujeto alto y gordo, encanecido prematuramente, en su mestizaje triunfaba sublevado, el legendario yaqui: encajaba el estereotipo de la ignorancia, y desde allí se burlaba de las avestruces emplumadas de pavos reales; escribía libros que no leía nadie" (pág. 139).

El desierto y la ciudad fronteriza son los dos escenarios que sirven de fondo ambiental de los relatos. Estos dos elementos de carácter opresivo adquieren dimensiones de protagonistas: el desierto por la sensibilidad poética con la cual es descrita la asombrosa naturaleza, "... que no tolera nada. ¡Nada!" (pág. 63); la ciudad personificada que les habla a los personajes:

> —¡Aquí, aquí, vosotros los mariguanos y drogadictos, vengan, vengan... Borrachitos, alcohólicos, vengan, vengan!, préndanse a las fuentes del alcohol como a pechos de doncellas... a ustedes sí los van a llamar señores, se les va a distinguir con el *don*. Sí, sí, ¡claro! no importa que sean asesinos, ladrones, esclavistas o rastacueros indecentes; se les va a tratar como emperadores... ¡Oh, mis amantes más fieles!... (pág. 21).

Esta personificación de la ciudad que "se va aprovechando de las debilidades humanas para llenar sus últimos rincones" (pág. 20), infunde una cierta objetividad al escenario, objetividad que no hubiera sido alcanzada por la simple descripción subjetiva. Esto se hace posible porque la ciudad ya personificada adquiere rasgos más grandes que los personajes que ella alberga. Cuando la ciudad nos cuenta acerca de las debilidades humanas, algo nos induce a creerla, como si fuera la única fuente posible de confianza.

El texto de la obra está dividido en tres partes: la primera consta de 91 páginas, la segunda de 73 y la tercera de sólo 27 páginas. En la primera parte el autor nos presenta a todos los personajes de la obra por medio de Loreto. El viejo yaqui deambula por la ciudad hablando con unos, topándose con otros, pero es por medio de sus sueños calenturientos que conocemos la historia casi mítica del Coronel Cuamea y la poética tragedia del vate y los peregrinos del desierto. La segunda parte elabora y desarrolla algunos de los personajes detallándonos sus vidas trágicas, resultado de la injusticia humana. La tercera parte pertenece al Coronel Cuamea y al chicano Frankie Pérez, que muere en Vietnam. La revolución y la guerra es el escenario de esta tercera parte, donde se equiparan las vidas del Coronel y Frankie dentro de una lucha de conciencia personal. La sucesión de muertes a través de la obra, algunas trágicas, otras irónicas, da intensidad al contraste que se hace de las vidas olvidadas y sin historia de los oprimidos con las vidas inútiles de los poderosos. La procesión de historias en la obra parece no obedecer a ningún plan determinado puesto que conocemos algunas de ellas a pedazos, parcelados en relatos que vienen al caso según el estado de Loreto. Pero es por medio de este personaje que las historias cobran perspectiva porque Loreto les proporciona un centro humano que las hila, las comenta y las relaciona. Los recuerdos de Loreto rescatan estas historias del olvido.

La explotación injusta del hombre por el hombre es el tema que nos preocupa en esta interpretación de texto. Esta es parte de la tesis que expone la opresión de ciertos grupos por medio de la injusticia de grupos privilegiados. Los ricos y poderosos abusan de las masas no privilegiadas manipulando la política, la economía y la religión de manera que solamente aprovechen ellos. Estos hombres privilegiados refuerzan su opresión basándose en la mala interpretación de conceptos morales y en la "superioridad del hombre blanco". Sintetizando las ponencias del autor sobre la injusticia humana, se deduce que el hombre es explotado por ser "delincuente" en cualquiera de estos "crímenes": el delito de ser prieto (de piel oscura), el de ser pobre, el de ser honorable y el de ser idealista. La injusticia relegada al hombre por tener esas características humanas es perpetrada por medio del abuso de instituciones sociales que fueron primordialmente establecidas con el propósito de proteger los derechos humanos. Lo irónico en esta obra es que los ricos y poderosos se valen de estas mismas instituciones para negar a las masas oprimidas los derechos que estas instituciones proponen proteger. Méndez nos revela la manera en que los poderosos emplean la política, la religión y la economía para aprovecharse del hombre en una forma descaradamente contraria a los preceptos de dignidad humana que dichas instituciones promulgan.

El "delito de ser prieto" es uno de los crímenes que forman la base del concepto mendecino de injusticia social. La discriminación a base del color se encuentra arraigada en los Estados Unidos, donde el hombre de color es oprimido "por la malevolencia de los que pretenden someterlo a la esclavitud y sostener en el contraste de su miseria el mito de la superioridad del blanco" (pág. 10). Pero en México, país compuesto en su mayoría por indios y mestizos, los Cuamea se dan cuenta "que estaban sentenciados por nacencia, no por el agravio de ser revoltosos; el ser indio significaba el olvido, el oprobio, el desprecio, la inicua sentencia de las más vil de las miserias, y el afrentoso desdén hacia sus pieles prietas" (pág. 189). El desprecio y la consecuente injusticia hacia la gente de piel oscura es un elemento recurrente en la obra que se perfila como *leitmotiv* en este precepto: "la gente prieta no tiene valor" (pág. 165).

La actitud hacia los chicanos en los Estados Unidos es representada por un intérprete de la ley, el juez Rudolph H. Smith. Este juez vivía en una casa "al estilo mexicano" y aparentemente estimaba la cultura mexicana; su casa estaba decorada con artesanías mexicanas. Sin embargo, el juez sentía repugnancia hacia la gente que había creado y perpetuado el estilo y la cultura que tanto estimaba, pues "tenía cierta alergia interior a la presencia de personas de piel oscura. Para él, más que natural, no ser de raza blanca, constituye, en cierto modo, un delito que de alguna forma debe castigarse" (pág. 133). La existencia de esta actitud discriminante es reforzada por un consejo anónimo hacia un peregrino: ". . . tú, al igual que yo, relumbras de prieto; y eso por allá, mano, es más que un delito" (pág. 77). En México, Pedro Sotolín deduce: ". . . entre más indio es el campesino, más condenado está a la esclavitud y al olvido" (pág. 68).

El ser pobre es otro delito por el cual sufre el hombre. Los pobres tienen un rol dentro de la sociedad, porque "les correspondía ofrecer su dolorosa visión, para que los otros se supieran selectos" (pág. 61), y también "dar testimonio de que por encima de ellos todo el mundo es afortunado" (pág. 30). La actitud de los pobres hacia los ricos es de desconfianza a pesar de las acciones "caritativas" que éstos demuestran: "Nunca llegues a pedir comida a casa de ricos: esos no ven a un pobre como a un necesitado que pide ayuda; sino a un esclavo huído que ha cometido el delito de desertor" (pág. 76). Loreto nos dice que los ricos "salen cacareando por todas partes que la frontera es el basurero del mundo, y no se dan cuenta estos estúpidos que son ellos con su puerco dinero los que lo pudren todo" (pág. 82). La miseria y la pobreza son descritas por Méndez a base de las más crueles condiciones físicas que produce el hambre: "Tienen hambre como ellos, tienen hambre sus hijos, sus mujeres tienen hambre, un hambre de siglos, hambre rabiosa; un hambre que duele más allá de las propias tripas . . . ¡Hambre de comer algo! Para que las tripas no aúllen como perros torturados" (pág. 51). También las describe por medio de contrastes: "No amigo, qué se van a parar. Una que nos tienen miedo de vernos en tan negra desgracia, y otra, que nos ven todos los días y a tantos, que ya ni siquiera les damos lástima; como si ellos fueran de un mundo y nosotros de otro" (pág. 53).

El honor y la ilusión son características humanas que más sinceramente se encuentran en las clases pobres y oprimidas; los poderosos solamente emplean el honor para darse aires y para justificar su dudosa posición social, como el "honorable" juez Rudolph H. Smith. Méndez nos muestra el honor de los oprimidos por medio del orgullo que sienten sobre sus tradiciones y devoción a la tierra; en casos extremos el "honor" perdido tiene que vengarse. El ejemplo significante del honor es el que más perdura en la historia de Pedro Sotolín, hermano de Rosenda "La Malquerida", que llega a vengar el honor de su hermana al asesinar a Mario Miller de Cocuch, quien la vendió de prostituta. Pedro es matado por la policía y Rosenda es acusada de cómplice. Los diarios de la ciudad representan al personaje más vil de la obra como "distinguidísimo caballero en la política y en los negocios. . . ." Se reporta que "Cuando se dirigía a sus ocupaciones habituales, fue asaltado de improviso por un malhechor que sin medir palabra, impulsado tan sólo por sus malos instintos cavernarios lo agredió a puñaladas, dándose a la huida" (pág. 143). La ilusión es el consuelo de los oprimidos que les ayuda a sobrellevar su condición con esperanzas de mejor vida y de no "levar las tripas de puro pinchi adorno" (pág. 76). Los mojados tienen la ilusión de los dólares "al otro lado" y una vez allá adquieren "la sonrisa de los pobres que viven de ilusiones" (pág. 69). Sin embargo, ellos mismos se dan cuenta del peligro de las ilusiones. Un mojado le aconseja a otro mientras cruzan el desierto: "Lo único que te recomiendo es que no te hagas muchas ilusiones, mano; no vaya a ser y te resulte junto con pegado" (pág. 76).

Para Méndez, los que ejercitan la corrupción política mantienen la opresión de estos grupos mediante el abuso y la intencionada mala interpretación de las leyes. Algunos policías y guardianes de la ley abusan su posición de autoridad para "sentirse por encima de esos miserables", de quienes tienen que proteger a la sociedad. Empero, los más peligrosos son los politiquillos que adquieren "huesos" (puestos públicos de baja categoría) y que, gracias a ello, se sienten superiores a las masas trabajadoras. El autor reserva para estos personajes su sátira más punzante al reflejar con humor su comportamiento y su uso de expresiones huecas cargadas de una retórica incomprensible para un pueblo cansado de promesas. Lencho García y del Valle es el personaje que representa el doble estándar y la hipocresía de la maquinaria política al hablar continuamente en clichés; no se da cuenta de que esas palabras que repite son precisamente aquéllas con las cuales se forjan las cadenas de opresión que lo mantienen en la miseria y que finalmente matan de hambre a su hijo: "Mujer, ya lo dije, el gran porvenir de la patria: no sólo de pan vive la ciudadanía" (pág. 95). El comportamiento de estos tipos refleja la humillante condición en que viven los pobres:

Caminaba Lencho atisbando el encuentro de personas de apariencia importante. Les hacía una leve reverencia y, a guisa de saludo, se llevaba la diestra hasta la altura de los ojos para dejarla caer en actitud declamatoria. Para las gentes humildes tenía una indiferencia desdeñosa. "Las masas amorfes", murmuraba, arriscando las narices (pág. 97).

La actitud de los oprimidos hacia las leyes que solamente favorecen a seleccionados miembros de la sociedad es expresada a través de la obra por varios personajes que se ven discriminados por ellas. El Buen Chuco sintetiza el sentimiento de los chicanos hacia la ley: "¡Chale!, carnal. Pa la raza no hay leyes a favor, ni ocho horas de jale... la ley se la pasan estos rucos por las verijas. Ese, sabes qué, estos batos train la ley como calzón de puta" (pág. 140). Jesús de Belem clasifica el ser político como "el octavo pecado capital". Un cantinero compara una constitución (y por ende a un sistema político) con "una barca de plata navegando en un mar de mierda". El contraste de estas leyes que se ajustan para favorecer a privilegiados y someter a los necesitados es ilustrado en los relatos sobre Frankie Pérez y sobre los indocumentados. El hijo del juez Rudolph H. Smith se libra de ingresar en el ejército "gracias a sus elevadas calificaciones en la universidad", pero en el barrio donde vive Frankie Pérez "ni entra el schoolbus por los chavos. Chanza que ya metido en el college no le hubieran hecho draft" (pág. 202). El Frankie nunca tuvo esa oportunidad porque "en las escuelas gabachas nos apartan como retardados por no hablar totacha" (pág. 85). Debido a un sistema educacional amparado por las leyes para marcar a sus ciudadanos de retardados por no hablar inglés, Frankie muere en la guerra, "defendiendo no sé qué jodidos" (pág. 166). Se le había dicho que "tenía el deber sagrado de defender a su patria, a su querida patria tan justa y generosa con todos sus hijos" (pág. 173). Se percibe en las historias que por medio de manipulaciones del sistema, las leyes otorgan a los más oprimidos la responsabilidad de defender aquello que los oprime.

En los relatos sobre "los espaldas mojadas" se nos presenta un dilema de culpabilidad política acerca de la condición ilegal de estos indocumentados. En la página 51 nos dice el narrador: "No a la conquista del oro van estos hombres escuálidos, caminando a noche y día los lleva la demanda vital de proteínas." Pero las leyes al "otro lado" son arbitrarias: "¡Ah! Los espaldas mojadas violan las leyes trabajando en los Estados Unidos pero los que emplean a los espaldas mojadas no; ellos tienen la libertad de emplearlos y de pagarles lo que se les dé la gana; ellos no son maltratados, multados, ni encarcelados; como si tuvieran licencia de esclavizar" (pág. 52).

Un ejemplo concreto se encuentra en la historia sobre la vieja, dueña del restaurante "Siesta Chili Dogs":

> Desde entonces llegaban esporádicamente los hombres vestidos de verde, interrogando a los trabajadores ilegales, muy celosos de las leyes; sin embargo nunca molestaron a la conchuda negociante, a pesar de que en la lista de los "Border Patrol" aparecían más de 200 nombres mexicanos que habían trabajado en "Siesta's chili dogs" (pág. 41).

Estos ilegales, en su mayoría campesinos mexicanos, "en tierra ajena olvidados y proscritos en la propia", son unas de las víctimas que produjo la Revolución Mexicana: "habían ganado la Revolución y se les pagaba con hambre y 'Jaramillazos' " (pág. 29). La política engañó a estos indios y campesinos diciéndoles que la Revolución era "para el beneficio de los pobres": "A poco rato fueron los políticos a los yaquis pidiéndoles participación en la lucha, jurando que se trataba de vencer a los abusivos; que una vez derrotados, el gobierno del pueblo redimiría a todos los indios y respetaría a los yaquis" (pág. 178). Sin embargo, una vez terminada la lucha, lo único que cambió fueron los nombres de los que se encontraban en el poder. El yaqui Coronel Cuamea "estaba hambreando; ellos [sus antiguos jefes] vivían en palacios, y las tierras de riego y todas las riquezas les pertenecían" (pág. 196). El pueblo nunca supo la causa por la cual luchó: "estaban en juego el dinero y el poder"; los pobres eran solamente los peones en un juego de poder político:

> Habían ingresado a la revolución, porque anhelaban justicia. Tierra y libertad, rezaba el lema. Pero el juego terrible de la revolución se les convirtió en ruleta, y a ellos les tocó perder por haberse equivocado de caudillo. Ahora iban a ser fusilados por otros campesinos iguales a ellos, que habían entrado a la revolución por lo mismo, sólo que en la misma ruleta les tocaba, por de pronto, ser ganadores (pág. 186).

La religión, que por medio de los preceptos cristianos debe de proporcionar las normas morales de comportamiento hacia el prójimo, es otro de los factores sociales, según Méndez, que se distorsionan para justificar la adquisición de la riqueza y del poder. La mayoría de los personajes con dinero que aparecen en la obra tergiversan estos preceptos cristianos para "comprobarse a ellos mismos" que han llegado al poder por medio de la protección divina y el acatamiento de sus leyes. El juez Rudolph H. Smith encuentra apoyo en la Biblia para dispensar su clase de justicia: "Estos detalles sumados a la perseverancia de Mr. Smith en leer la Biblia, lo hacen creerse un juez con credenciales del mismo Padre Eterno" (pág. 133). Mr. Foxie, el padre millonario del "jipi", basa el acumulamiento de su fortuna en el hecho de guardar los mandamientos cristianos: "En sus fines económicos se ayudaban mucho con los preceptos de la religión, que prohiben beber y fumar, y todo lo que sea dinero sin recibir réditos; pero que no impiden acumular riqueza, aunque provenga del dolor ajeno" (pág. 120). Los Cocuch habían encontrado la fórmula en esta vida y la otra: "Sabían sus respectivos negocios. El, con las finanzas, atesorando, aseguraba la gloria terrenal; ella, administrando las cosas del espíritu, ganaba la del cielo; perenne. El par de pícaros se las averiguaban para ser escogidos. Por los siglos de los siglos" (pág. 89). Sin embargo, esta beatitud de su parte no se apegaba a sus verdaderos instintos que "consistían en ser servil con los más poderosos hasta el grado de arrastrarse babosiento y besar los pies de sus superiores . . . ¡Ah! Pero con los humildes, era otra cosa. Con los débiles se tornaba cruel, déspota; aplastándolos sin ninguna compasión" (pág. 89).

Jesús de Belem es el personaje que mejor ilustra el estado de cinismo e hipocresía con la cual se tiene en dudas a una religión impotente de realizar el bienestar de los desamparados. Esta sátira del redentor divinizado por el pueblo es hábilmente relatada como farsa en uno de los sueños de Loreto para proponer que la opresión religiosa no viene de lo divino sino que parte de lo humano.[15] Jesús de Belem considera al político un profeta falso y a la política como un pecado. El mismo niega su divinidad: "¡Cállate! No me digas señor. Nací Jesús en Belem, Sonora, como cualquier pelado; pero la gente necia me hizo milagroso de su pura cuenta" (pág. 109). Luego nos advierte: "Es bueno que sepas que en cada pueblo hay fariseos y judas verdaderos adueñados de las leyes de Dios y de este mundo" (pág. 113). Las coincidencias paralelas entre Jesús de Belem y Jesús de Nazareth sirven de conceptos sugestivos para realizar con más gravedad y seriedad histórica la socialización completa de la religión. La contradicción de los preceptos cristianos se revela al ser éstos interpretados por los poderosos, a saber: el hombre que es rico adquiere su fortuna porque Dios lo selecciona; el hombre que es pobre adquiere la miseria porque él no selecciona a Dios.

La opresión económica es el factor subyacente de la injusticia. Este concepto está continuamente presente en la obra como causa generadora de todo acto opresivo del hombre. El dinero como base de subsistencia es perseguido con desesperación por las masas hambrientas y desamparadas que lo ven como único recurso de supervivencia. La inevitable necesidad de ganar dinero para sobrevivir puede conducir a las personas menesterosas a la esclavitud o a la tragedia según las circunstancias que se presenten. El viejo Loreto, a causa de su honor y su vejez, se ve obligado a lavar coches para ganar unos cuantos centavos que lo libren de la miseria. Chalito, el hijo de Lencho García y del Valle, muere de pulmonía lavando los coches que le quitó a Loreto para poder ganar unos cuantos centavos más. Los mojados mueren por docenas en las carreteras y en el desierto durante su largo peregrinaje hacia una meca ilusoria en donde existen los dólares. Las muchachas incautas se ven esclavizadas en la prostitución por creer las promesas de empleos en las ciudades fronterizas. Los ambiciosos que persiguen el dinero por lucro encuentran que la riqueza les impone un precio: Mario Miller de Cocuch es asesinado por explotador y tratante de blancas; Mr. Foxie pierde el amor y respeto de su hijo al dedicarse solamente a su fortuna. Pero el dinero no respeta clases, se necesita; no se puede existir sin él de una forma u otra:

> ¡Dólares! Dólares para tapiar los edificios por dentro y por fuera, dólares para cubrir las superficies, calles, pisos; dólares para tachar todas las construcciones; huracán de dólares como hojarasca de lechugas secas; dólares para comprar autoridades mordelonas; dólares para arrancar de sus pueblos míseros a las pobres niñas bobas y volverlas putas; dólares para reventar los pasos de los espaldas mojadas; dólares para demandar drogas; furgones de dólares para trocarlos por mariguana; mariguana para olvidar la guerra . . . la oferta y la demanda . . . dólares, dólares, dólares (pág. 151).

La cita anterior contiene en síntesis la temática de las historias contenidas en el texto. El dinero, la carencia o la abundancia de él, es el sedimento subyacente a los motivos que impulsan al hombre a perpetrar injusticias. Méndez nos ha presentado un panorama social de vidas en cierto ambiente de promiscuidad moral por medio de una técnica literaria que logra combinar el arte de narrar con el compromiso social del autor. Este enfoque, que incluye a todos los grupos en las mismas circunstancias, nos da una perspectiva dentro de lo que Juan Rodríguez llama "una visión tercermundista".[16]

Contexto: Los criaderos humanos

Muy pocos escritores han escrito sobre el ambiente de la frontera con tanta intensidad y convicción personal. La mayoría de los que se han preocupado por darnos una visión de esta región lo han hecho con fines sensacionalistas o con intenciones de exponer una curiosa y aberrante particularidad de un ambiente al margen de la sociedad respetable y decente. Sin embargo, de acuerdo con una literatura inclinada a proporcionarle notoriedad a la frontera, no se puede abogar mucho por ella, y menos por Tijuana. A pesar de ser una de las ciudades más visitadas del mundo, la atracción principal de Tijuana reside en la dubia popularidad de ser "la ciudad más perversa del mundo".[17] Miguel Méndez nos dice que solamente visitó esta ciudad una vez, pero lo que vio y experimentó en ella le quedó grabado en la memoria tan vívidamente que resultó ser el lugar escogido para su novela. Todas las historias de los oprimidos que había documentado por la frontera recobraban vida en ese lugar. No hay más que caminar por sus calles para que uno se tope con Loreto, la Siempreviva, los Cocuch; en fin, con la mayoría de los personajes que aparecen en *Peregrinos*.

Tijuana es una ciudad de comercio libre con más de medio millón de habitantes que suele hincharse con la ida y venida de los peregrinos. La mayoría de estas gentes se quedan estancadas en la ciudad esperando la oportunidad de pasar la frontera "al otro lado" ya sea por medio de coyotes o "a la brava". Tijuana es una ciudad de paso; nadie se queda allí a menos que tenga las manos metidas en algún negocio o trabaje para el gobierno. La historia de Tijuana, como se conoce según sus historiadores, se remonta a los fines del siglo pasado cuando ya era conocida como "curiosidad mexicana" en la frontera. Su historia moderna, como la conocemos ahora, empieza en la década de los veinte cuando Abelardo Rodríguez era gobernador del territorio norte de Baja California. Rodríguez y dos angloamericanos fundan en ese tiempo un paraíso llamado Agua Caliente que rivalizaba, en ese entonces, al casino de Monte Carlo. Este casino, con su hipódromo, era la meca de los artistas de Hollywood y de los tahúres de todo el mundo que derrochaban miles de dólares en el juego y en placeres no adquiridos en otros lados. Lázaro Cárdenas prohibe los centros de juego durante su administración en los treinta y Tijuana se hunde en una depresión económica hasta el comienzo de la Segunda Guerra Mundial. Durante esa contienda, asesorada por capital angloamericano, Tijuana abre de nuevo las puertas del hipódromo y con esto las garitas de juego; los clubs nocturnos y de prostitución hacen corte a los miembros de las fuerzas armadas de los Estados Unidos, a quienes no se les permite "tales diversiones" en suelo estadounidense.

Después de la guerra, Tijuana se convierte en centro intermedio para los braceros que intentan trabajar en el otro lado como les sea posible. Colonias de "paracaidistas" aparecen de la noche a la mañana en los alrededores de Tijuana, provocando una lastimera conglomeración de desempleados y escasez de medios para mantenerlos. A pesar de este maremagnum humano, la ciudad llega a convertirse en una meca para el turismo que busca placeres prohibidos e ilegales. En 1970, Ovid Demaris escribe un libro llamado *El pozo del mundo*. Dicha obra supone documentar el oprobio como cosa natural a lo largo de la frontera y como indicio de lo que es el resto de México: "Is the border really México? And the answer, as far as I was able to determine, is a resounding Yes! The principal difference is façade. Mexico City is the great façade."[18] Demaris no parece darse cuenta que la frontera es una creación política y económica de la tensión entre dos países y que tanto el uno como el otro se reflejan en ella; pero la situación fronteriza no es una proyección de ambos países sino una exageración.

Miguel Méndez es uno de los pocos escritores, o probablemente el único, que nos lleva por el laberinto de la frontera y nos adentra en ese submundo descubriéndonos su realidad social por medio de las historias de sus propios integrantes. En la mayoría de los artículos publicados sobre Tijuana, el pueblo—los trabajadores mojados y parásitos de la industria turística—aparecen solamente por medio de estadísticas sin ningún interés social o humano. Según estadísticas mencionadas por Carlos Monsiváis en una conferencia presentada en Santa Bárbara sobre "la Cultura de la Frontera", existen en Tijuana más de cuarenta mil prostitutas registradas, otras tantas maquiladoras y aproximadamente doce mil pordioseros o mendigos que acosan continuamente a los turistas con lastimeras enfermedades y aberraciones físicas.[19] La mayoría de estos mendigos son indios yaquis que llegan a la frontera en busca de cualquier medio de trabajo para subsistir, para ser explotados por su poco conocimiento del español.

El gobierno de México ha tratado con poco éxito de industrializar la frontera para aminorar su dependencia económica del comercio turístico. Este programa de Industrialización de la Frontera ha conseguido atraer plantas americanas productoras de partes electrónicas a la vecindad de Tijuana y otras ciudades fronterizas. En estas plantas se emplean maquiladoras con sueldos tan bajos que raramente sobrepasan cuatro dólares diarios.[20] Los productos terminados son entonces transportados a los Estados Unidos para su venta con grandes ganancias para las distribuidoras. A pesar de que este programa ha creado una capa, antes inexistente, de obreros industriales, el resultado ha sido la introducción de una nueva forma de dependencia económica hacia intereses angloamericanos. Además de esto, el programa ha permitido a las industrias estadounidenses aprovecharse de una inmensa masa de trabajadores desempleados pagándoles sueldos no equitativos con el nivel de vida de la frontera, en donde el estándar de vida está basado en el dólar.

Paradójicamente, Tijuana ha existido no sólo por las condiciones apropiadas de la frontera, sino porque está específicamente situada adyacente a una área de prosperidad económica en los Estados Unidos: "El turismo americano creó a Tijuana y continúa a someterla dentro de un estado de dependencia y de desarrollo económico inferior."[21] Esta situación de extremidades contribuye a una tremenda disparidad visual entre la opulencia angloamericana y la miseria de la frontera mexicana. Posiblemente en ninguna otra parte del mundo existe este contraste de extremos económicos.

La frontera mexicana con los Estados Unidos ha tenido, hasta ahora, la notoriedad de ser "el patio detrás de la casa", siendo la casa la rica mansión de la república americana. Si bien el gobierno de México ha tratado, en los últimos años, de generar obras de sanidad y mejorar la vida económica de la frontera, esta empresa se ha visto obstaculizada por fuertes intereses creados por viejos y tradicionales medios económicos basados en la explotación humana. Se calcula que más de un millón de indocumentados mexicanos trabaja ilegalmente en los Estados Unidos.[22] El tráfico de ilegales o "mercancía humana" es uno de los grandes comercios de Tijuana, en donde se congregan más de cien mil esperanzados al año. Los servicios legales de transporte producidos por las exigencias de este grupo es una de las industrias más lucrativas de la frontera puesto que las personas que emplean estos servicios no tienen recursos legales que los amparen de cualquier injusticia perpetrada contra ellos. Esta industria de servicios a los mojados incluye desde abogados sin escrúpulos que les consiguen documentación ilegal a precios exorbitantes hasta coyotes que los transportan al otro lado de la frontera en camiones cerrados sin ventilación con ninguna seguridad de sobrevivir el viaje.[23] No es menester describir el estado actual de la sociedad fronteriza para poder relacionar el texto de la obra con el contexto social del cual pretende partir. De esta manera el propósito social de la obra, que trata de reflejar el estado actual de corrupción, sobresale por lo inmediato de su tema al relacionar la ficción con la realidad contundente.

Dentro de la condición humana de la frontera, la miseria es evidente y grave; sin embargo, Méndez nos ofrece redención a pesar de ella. La miseria que se expone en *Peregrinos* es un tipo de miseria dinámica; empobrece moralmente al que se aprovecha de ella y ofrece elementos de salvación al que trata de superarla. Los pobres a veces se ven obligados a buscar medios creativos para sobresalir de su condición miserable, como ocurre en el episodio de Doña Candelita, la vendedora de cachitos de lotería, que se las arregla a diario para burlar la miseria:

> Al otro día se puso trucha Doña Candelita. No faltaba más que fuera a torcerse de hambre. Ese día vendió los cachitos que le dio la gana. Se puso en la espalda una pelota de futbol, que había recogido en la calle; así de jomuda la miraban los clientes, y se detenían. Un chispazo de codicia les ordenaba comprarle a la vieja jorobada. La viejita sonreía condescendiente. Sus rivales se atragantaban de rabia. Oyes, "Nublada", pos ve la vieja cabrona tan remañosa; pos no anda de jorochi a vende y vende cachos.
> Ya le vide, "Cartucho". Jodida, si de puro vieja sabe más que la agüela del diablo (pág. 75).

Esta cita ilustra uno de los mayores aciertos de *Peregrinos* al presentarnos un ambiente de miseria creado por la injusticia, pero narrado con todos los elementos vitales de una humanidad que aún encuentra alicientes para burlarse de su condición. Tijuana es toda esa colección de raza que brota de las páginas de *Peregrinos*, y como lugar minado por el vicio, la humanidad exhibe allí sus miserias. Mofándose de esa humanidad, Tijuana nos recuerda cínicamente que es la reina de la frontera: "Así va la ciudad nocturna sonsacando amargados; sinvergüenza, descalzonada, nalgas de fuera, impúdica; con su vestido de noche adornado con letreros de neón; tronando palmas a los parranderos, como damisela descocada" (pág. 21).

Contratexto: Un documento social

La publicación de *Peregrinos* en la primavera del 74 llega a calmar la expectativa de la crítica sobre la naciente literatura chicana y sobre la habilidad literaria de Miguel Méndez. Los cuentos mendecinos publicados años atrás habían dejado una curiosidad literaria por comprobar si la exuberancia barroca y la imaginación metafórica de los primeros escritos de Méndez se expondrían con mayor refinamiento en el género de la novela. *Peregrinos de Aztlán* no desilusiona a nadie. Es más, la técnica experimental empleada por el autor acierta en unificar los estilos variados que se necesitaron para estructurar una obra tan panorámica en su alcance sociolingüístico como llega a ser el texto de la novela. La obra ha sido analizada minuciosamente por la crítica—en la misma forma que Méndez analiza la sociedad de la frontera—en cuanto a su temática, lenguaje y estructura. *Peregrinos* es una de las obras dentro de la novelística chicana que más atención ha recibido por parte de la crítica. La evaluación ha sido unánime: *Peregrinos* actualmente se considera la novela más profunda y acabada dentro de la literatura chicana escrita en español.

En este estudio, nos propusimos explicar e interpretar una dimensión de naturaleza literario-social que nos proporcionara unas respuestas a la incógnita: ¿qué tipo de elementos sociales y artísticos se juntan en un momento dado para producir una obra literaria de mérito dentro de un ambiente social que histórica y económicamente no tiene los medios para ello? Las clases trabajadoras, según dice Simmens, no han tenido ni los medios ni la inclinación para el arte literario.[24] Es evidente que el ejemplo de Méndez viene a destruir esa observación crítica en el momento preciso en que un pueblo lucha por su identidad y continuidad sociocultural. Este hecho nos ha impulsado a presentar la trayectoria vital del autor con relación a su obra creativa y estudiarlo dentro del marco de su propia condición social, para presentar los factores determinantes que relacionan al autor y su obra con la sociedad que los producen.

Creemos que es importante conocer la reacción de la crítica sobre esta obra, para evaluar los efectos producidos, ya sean positivos o negativos. La temática de *Peregrinos* es variada y comprensiva. Méndez sitúa a los grupos oprimidos por el hombre y la naturaleza dentro de dos ambientes selectivos: la ciudad fronteriza y el desierto. Justo Alarcón, en su estudio crítico sobre la obra, deduce que:

> El tema principal de la novela es la explotación del hombre por el hombre: la degradación humana. Esta deshumanización, dentro del contexto histórico, es llevada a cabo principalmente por el hombre blanco, el vencedor, contra el hombre de piel oscura: indio-mexicano-chicano. La obra es pues una novela de tesis: la crítica acerba contra el hombre blanco y contra la creencia que éste tiene sobre la teoría del 'superhombre'.[25]

Aristeo Brito nos aporta otra perspectiva del mismo tema: "*Peregrinos* trata la condición existencial del oprimido; por consiguiente, los temas que tratan esa condición serán de importancia primordial."[26] Este tratamiento existencial del chicano oprimido nos ofrece varias dimensiones de su persona, que al verse por medio de diferentes perspectivas lo materializan en sus diversas realidades: el chicano mitificado, el literario, el inventado y el descrito en su propia conciencia de la realidad. Esta multiperspectiva de la personalidad del chicano viene a subsanar a los críticos que, como Theresa McKenna, habían insistido que:

> Until a Chicano can create a Chicano with a pen: people and their reality in literature that transcends time and space and genuinely lives, as we know it does because we live it; until an author grasps Myth and fact; until then will the Chicano reflect himself in literature.[27]

El lenguaje de *Peregrinos* es el elemento más provocativo en la obra; es el factor genuino que aporta "realidad social" a las historias que se relatan por medio de sus respectivas expresiones de actualidad lingüística. Sin embargo, el mismo autor se preocupó por la aceptación literaria de este modo de expresión: "Lee este libro, lector; si te place la prosa que me dicta el hablar común de los oprimidos; de lo contrario, si te ofende, no lo leas..." (pág. 10). *Peregrinos* explota en una verbosidad pirotécnica que incluye toda la amalgama de jergas y giros lingüísticos que forman parte del habla del chicano. "El acertado empleo", nos dice Marvin Lewis, "de combinaciones de pachuco, español e inglés para transportar actitudes, situaciones e imágenes de la realidad contribuye enormemente a la singularidad de la obra como literatura chicana."[28] Asimismo, al emplear el "hablar común de los oprimidos" como expresión literaria, el autor induce a Juan Rodríguez a observar que: "decididamente se trasluce en este afán una intención democrática, niveladora que de alguna manera legitima literariamente la expresión verbal de 'los de abajo'."[29] Pero esta importante característica de la obra y de la literatura chicana es calificada por otros críticos de "abuso literario" y "ejemplo de incultura", como describe este elemento el periodista tijuanense Patricio Bayardo Gómez en su ensayo "El lenguaje en la frontera":

> Empero, creemos, los chicanos, acéptenlo o no, son fiduciarios del español y el inglés, al margen de accidentes gramaticales, vocabulario, prosodia, ortografía. Pueden crear, eso sí, un lenguaje poético, una escuela, como los calambures franceses o las jitanjáforas del estridentismo mexicano, pero un idioma hablado, escrito, *literario*—esto es a lo sumo y con reservas—es una verdadera utopía.[30]

La insistencia por parte de algunos críticos mexicanos en que se escriba la literatura chicana empleando un "español culto y literario", anula el intento de crear una literatura chicana. Literatura chicana no es literatura mexicana; las dos tienen sus propios elementos de expresión que las identifican, y aunque la última ya tenga una tradición de lenguaje literario, la primera apenas lo está desarrollando. Carlos Monsiváis hace esta defensa al comparar las dos literaturas:

> No pretendo extremar las posibilidades de contacto entre una y otra literatura. El español mexicano, es una lengua cuyo proceso de desarrollo es absolutamente diferente al del español chicano... Por eso la urgencia afirmativa que veo en primera instancia en la defensa lingüística es una acción política y representa una distancia severísima entre una y otras literaturas.[31]

Sin embargo, para los que tengan reservas sobre un "lenguaje literario chicano" y duden de la versatilidad lingüística mendecina, Miguel Méndez publicó después de *Peregrinos* una obra poética de intenciones épicas, *Los criaderos humanos*.[32] En esta obra Méndez hace alarde de una verbosidad expresiva al emplear un español poético, pulido y refinado que llega a demostrar los diferentes niveles lingüísticos literarios dentro de la literatura chicana.

El acierto estructural de *Peregrinos* no es ignorado por la crítica. La experimentación estilística que impone el arte literario como desafío a los escritores que tratan de abarcar la kaleidoscópica experiencia del chicano se aprecia mejor en las novelas chicanas escritas en español. Este intento, nos explica Juan Rodríguez, "patentiza el hecho de que si bien es verdad que la literatura chicana escrita en inglés domina en cantidad, es la literatura escrita en español la que hasta el momento luce mayor profundidad temática y estilística."[33] La estructura fragmentada es la que se ha impuesto en todas las novelas escritas en español; pero no toda estructura ha sido la misma. *Generaciones y semblanzas*, de Rolando Hinojosa, está estructurada por medio de diferentes elementos que unifican el mosaico de anécdotas, historias y relatos; éstos son más independientes que los de *Peregrinos* y su unidad temática radica en la diversidad humana del pueblo chicano.[34] Una primera lectura de *Peregrinos* nos da la impresión de que su estructura es caótica y episódica; pero al enfocarse en Loreto, nos damos cuenta que este personaje es el elemento clave que unifica las vidas lanzadas por el impacto producido al penetrar con violencia el universo chicano. Juan Bruce-Novoa llama a Loreto "el receptáculo humano" y "el Tata Casehua de Tijuana" porque la mente del viejo funciona como "guardián de la historia oral" al recordar historias y hazañas per-

didas en el olvido de la muerte.³⁵ Estas memorias se incendiaron en la mente de Loreto cuando le quemaba la fiebre: "Las fiebres lo dejaban chupado, pero le hacían el efecto de purgas de voces invasoras. Como murciélagos se iban colgando de su cerebro todo el palabrerío maldiciente, amargo; quejas y llantos de seres angustiados" (pág. 52).
   Toda la crítica admite que la lectura de *Peregrinos* no es fácil. "Méndez," nos dice Bruce-Novoa, "no busca divertirlo [al lector] ni entretenerlo, sino conmoverlo y moverlo a la acción."³⁶ La obra se presta a una variedad de comentarios estilísticos; entre ellos se encuentran las opiniones sobre la actitud "tendenciosa y filosofante" del autor, como observa Juan Rodríguez en su reseña. Esta tendencia del autor es notable ya que tiene uno la sospecha de que Méndez se aprovecha de la obra para presentar su filosofía personal. La intromisión es impulsada por el compromiso social que el autor siente la obligación de exponer. Cecil Robinson compara esta intromisión con otras obras cuyos autores solucionaron, en su opinión, de mejor manera el problema de mezclar el compromiso del autor con la estética. Sin embargo, Robinson dice de Méndez: "The passionate voice seems irresistibly to need to extend out from and beyond the esthetic entity to make its own proclamations."³⁷ Juan Rodríguez elabora: "Méndez se deja llevar sobremanera por el concepto testimonial y para en la denuncia, lo cual reduce su esfuerzo en estas ocasiones al nivel de alegato acusador, la oración mitinesca y la retórica."³⁸
   Otros estudios sobre el estilo de Méndez incluyen el interesante artículo de Aristeo Brito sobre el lenguaje tropológico de la obra. Brito enfoca la tendencia de Méndez de comparar al hombre con el animal: "El hombre es como animal, el hombre actúa como animal, el hombre es animal, el hombre se animaliza y el animal se humaniza."³⁹ "En fin", continúa Brito, "el lenguaje tropológico en *Peregrinos* viene a ser uno de los aspectos más esenciales de la novela."⁴⁰ Oscar Somoza busca un marxismo subyacente en *Peregrinos* y concluye: "La novela es válida al presentar un compendio de cuadros coherentes a la época y a la sociedad que la producen. Se comprueba válida también al buscar una renovación que se manifieste en la afirmación del ser."⁴¹
   Miguel Méndez se siente "por bien pagado" el haber escrito *Peregrinos*, pero añade: "Ha salido de mi tutela . . . ahora estoy tan preocupado por lo que estoy escribiendo, que *Peregrinos* es como un hijo que ha salido con licencia mía a medirse con los críticos y los lectores."⁴² Además de la novela, Méndez ha publicado

una colección de *Cuentos para niños traviesos,* basada en los cuentos medievales de *Calila y Dimna,* en donde se evidencian su curiosidad e interés por la lingüística. Nos dice Méndez:

> La cosa lingüística me divierte mucho, como en esta novela que estoy escribiendo; resucita, por ejemplo, un español que murió en la época de la conquista. Eso ya es un fantasma, si quieres tú, que reincarna y se interna en las fronteras en busca de su descendencia, pero él habla con un lenguaje medieval, y esto me da oportunidad de tratar de manejar el español medieval y es . . . divertidísimo.[43]

Conclusión

El mensaje en esta obra es fundamental. Los problemas que nos presenta el autor no son nuevos ni diferentes. La mayoría estamos al tanto de las injusticias que ocurren en nuestra sociedad; sin embargo, la técnica mendecina nos presenta un panorama tan fresco y pulsante que no sentimos que se trate de un simple reestablecimiento de conflictos sociales. Los personajes, sus problemas y el ambiente adquieren cierta calidad genuina por medio de la expresión realista que infunde una ilusión de "déjà vu" para relacionar estos conflictos con nuestras propias experiencias vividas, lo cual raras veces se alcanza en el arte de la ficción.

En este estudio sobre Miguel Méndez y su obra *Peregrinos de Aztlán,* hemos interrelacionado la vida y condición social del autor con la producción artística de su obra. Estos elementos no pueden separarse al tomar en cuenta que estamos buscando los motivos y propósitos sociales que impulsaron al autor a crear una obra literaria dentro de una clase trabajadora que no proporciona recursos para ello. En su obra Méndez alude a su concepto estético de arte social: "¡Mientes! No hay poesías ni poetas, todo es una mascarada para no ver la tragedia humana; sólo los holgazanes que ignoran el dolor y el crimen, le cantan a las flores" (pág. 150). Dentro de este concepto del arte, Méndez funde la literatura con el compromiso social sin que el uno sufra por el otro. El mensaje, la tesis subyacente y la protesta están hábilmente entretejidas por medio de elementos profundamente arraigados en la tradición literaria: el arte narrativo, la creación artística por medio del lenguaje y la sensibilidad de transportar imágenes por medio de una artesanía pulida e innovadora. El arte de Méndez no es una estética pura, vacía de conceptos morales y sociales; tampoco es la propaganda panfletista sin la creatividad artística. La obra de Méndez es un esfuerzo calculado de creatividad en donde el arte adquiere una función más allá de lo estético y en donde el mensaje social comprometido está hábilmente elaborado con imágenes de sensibilidad poética y humana.

El impacto que ha dejado la publicación de *Peregrinos de Aztlán* dentro de la novelística y crítica chicanas es poco menos que prodigioso. Esta obra escrita por un autodidacta sin ninguna instrucción formal en la literatura ha producido un genuino orgullo cultural en el pueblo chicano. Todavía queda mucho por estudiar dentro de esta obra singular. Sin embargo, se espera que la futura obra mendecina llegue a ofrecer a la literatura chicana la esperada y deseada obra maestra. A pesar de que su obra tiene, hasta la fecha, un reducido número de lectores, esperamos que las traducciones en preparación amplíen el conocimiento y estudio de este autor que ha dedicado su vida a la creación de una obra para el pueblo chicano que se apoya en sus propios méritos. Es de importancia, en esta naciente literatura, exponer toda la información posible sobre la vida y la obra de los autores. Estas obras no se crean en el vacío. Existen importantes e insospechados elementos dentro de un pueblo oprimido que florecen en cierto momento con obras artísticas de mérito que alientan a sus integrantes. A este respecto Juan Rodríguez comenta: "Se trata, digámoslo de una vez, de una visión tercermundista."[44]

Nos unimos a la crítica partidaria y elogiadora de esta obra que dice: "*Peregrinos de Aztlán* es una de las obras narrativas más ambiciosas que hasta ahora ha producido la pluma chicana por su variedad de léxicos y por la complejidad de sus personajes y de sus temas."[45] Y para finalizar: "En definitiva, quien se diga estudiante de la literatura chicana y no conozca a fondo la obra imponente de este hombre extraordinario, peca de frivolidad."[46]

"El barrio no cambia; parece que jamás cambiará."
—*Alejandro Morales*

Capítulo III

ALEJANDRO MORALES Y EL COMPROMISO A LA JUVENTUD

Caras viejas y vino nuevo

El mundo místico de los barrios

El mundo de la juventud chicana atrapada en los barrios de las grandes ciudades americanas salta con violencia acusadora de las páginas de la primera obra de Alejandro Morales. La novela, *Caras viejas y vino nuevo*,[1] nos introduce a un mundo cuya sórdida existencia solamente puede compararse con las descripciones naturalistas de la sociedad del siglo diecinueve y las narraciones perturbadoras de un tremendista como Cela. Morales corre el velo de la realidad engañadora para hacernos partícipes de un drama social que parece ser inventado por una imaginación o mentalidad escandalosa que no se detiene en nada para forzarnos a ver lo que unos quieren ignorar o aparentar que no existe. Ese es el mundo de la juventud chicana desnudada hasta sus más bajos instintos para hacernos reaccionar violentamente a la narrativa. Morales sitúa al lector sobre el techo más alto del barrio y desde allí le muestra su lado doliente, su personalidad secreta. Este es el barrio con su gente, pero no el barrio de nuestros felices recuerdos de personajes inolvidables, sino el de abajo, el que tapa la nostalgia romántica.

Caras viejas es la primera obra de Alejandro Morales, y a la vez, la primera parte de una trilogía en la que ya se insinúan las siguientes por medio de personajes o eventos que reaparecerán en ellas.[2] Su segunda novela, *La verdad sin voz*, está en vías de publicarse por la misma editorial, y la tercera está en proceso de escribirse.[3] *Caras viejas* aporta otra dimensión a la novelística chicana al introducirnos a los barrios urbanos o *ghettos* de las grandes ciudades, en donde se encuentra gran número de chicanos cuya situación y condición sociológica difiere en muchos sentidos de la condición agraria o provincial. La importancia de esta obra radica no sólo en la incursión del mundo de la juventud chicana urbana sino en la manera y perspectiva con la cual se nos presenta. A pesar de que Morales ficcionaliza la realidad urbana, el estilo naturalista y a veces tremendista de la narración se presta para enfocar con precisión el submundo caótico de las drogas poblado por una juventud desorientada y aborrecida por los demás integrantes del barrio. La obra está concebida para que refleje un mundo de violencia, desorientación y desorden. El mundo caótico del barrio lo vemos a través de los ojos de Mateo, el protagonista, quien nos deja observar una juventud sin salida, atrapada en el fango de su propia morbosidad sexual y drogadicta. Mateo nos sirve de guía y nos conduce por los callejones inmundos del barrio; nos abre ventanas, descorre cortinas, levanta techos y revela las intimidades físicas y mentales de esos despojos humanos que sólo esperan la muerte. Esta visión naturalista del ambiente y sus integrantes es comunicada violentamente por lo directo del lenguaje, desprovisto de todo eufemismo ambiguo que distorcione lo explícito del sentido y el realismo visual del cuadro que se nos presenta. Sin embargo, el lenguaje no es tan fácil de descifrar; la expresión con la cual Mateo nos comunica su perspectiva es el mismo lenguaje descarnado del barrio, con el cual entrelaza todos los elementos de ese mundo.

La contraposición de lo mundano con lo divino en la subjetividad de Mateo crea en la obra una dualidad de realidad e ilusión en la que los engranes del destino ruedan en sentidos contrarios. Por medio del uso de las palabras "místico", "éxtasis" y "la llorona" se entra en un mundo mítico que a la vez pretende llegar a un misticismo religioso por medio de la toxicomanía. La estirpe está propensa a la extinción, ya sea por medio de sus propios designios o por circunstancias poderosas e irreversibles, como la discriminación del mundo de "los de allá" o la actitud de los padres, que se aferran a valores anticuados e inoperantes que conducen a la juventud a una existencia cuya base es la rebelión continua. Es un mundo dominado por "el macho", por el padre, cuyos valores de hombría son los mismos de otro tiempo, de otro mundo ya pasado. Sin embargo, este condicionamiento se desborda, se lleva a la exageración como arma de supervivencia en un mundo que emascula a los rebeldes. Las hembras son meros juguetes sexuales sin otra función que vivir y servir como escape de pasiones. Los instintos se agudizan, las pasiones se exageran y el lenguaje explota. La supervivencia en el barrio se torna en religión, en código, y es en estos términos que la obra obtiene mayor sentido.

Pretexto: "Eastlos"—un esfuerzo en supervivencia

Alejandro Morales es producto del mundo que se describe en *Caras viejas*. Este mundo de características y elementos contrarios a la supervivencia humana ha dejado escapar de sus garras fatales a un iniciado que falló sus votos místicos, y lo ha dejado revelar sus entrañas con intimidad. Estos comentarios introductivos parecen indicar una novela que se desarrollará por una imaginación desequilibrada, capaz de producir y crear un mundo totalmente fuera de la realidad. Lo que observamos no está muy lejos de la realidad, pues el hecho de que Morales haya sobrevivido un mundo sin escape aparente, atraído por una casta que solamente encuentra vida por medio de las drogas y de la violencia, indica una toma de conciencia y la fuerza de voluntad para realizar y definir un destino propio.

Morales nació en Montebello, un barrio de Los Angeles comprendido dentro de la sección denominada East Los Angeles, que se identifica como el barrio mexicano o chicano. "Eastlos", el término común por el cual es más conocido entre los chicanos, comprende varios barrios, entre ellos Boyle Heights, Maravilla y otros. Esta sección de Los Angeles tiene su propio estilo de vida con características esencialmente mexicanas; allí la cultura, lengua y tradiciones se encuentran aún vivas y alentadas por los esfuerzos de sus habitantes, que tratan de conservar intacto ese mundo asediado constantemente por el estilo de vida americano que los rodea. Estos dos mundos se identifican en la obra como "los de aquí" y "los de allá".

Para sobrevivir, el barrio tiene sus propias leyes sociales que lo defienden de la constante presión del mundo "de allá" y su más notorio representante: la policía. Desde los tiempos de los famosos "pachucos" o "zoot suiters" de los cuarenta, la juventud rebelde de "Eastlos" ha formado sus propias pandillas o "gangas", con el propósito de defenderse de las incursiones policíacas en su territorio.[4] Sin embargo, a causa del tráfico de drogas y otros estupefacientes, estas "gangas" han adquirido notoriedad y poder al luchar por el control de los mercados. Dentro de este ambiente, el joven del barrio se encuentra en la necesidad de pertenecer a uno de estos grupos para existir y defenderse y para probarse dentro de las filas de sus semejantes. Morales fue miembro de una de estas palomillas y se vio constantemente envuelto en sus actividades, las cuales lo tenían al borde de la proscripción y la tragedia. Al entrar en el mundo de las drogas para asegurar su existencia, Morales formó parte de esta "estirpe" selecta, iniciándose en un mundo de características religiosas y ritos rígidos. Los lazos de hermandad y solidaridad de las palomillas están profundamente arraigados en el concepto de la supervivencia, sin los cuales el individuo se vuelve vulnerable. La "estirpe" se torna hermética, dependiendo de sus miembros para asegurar la existencia común. Los valores de dichos grupos, aparte de los ya mencionados, provienen ambiguamente de la cultura del barrio; sólo son retenidos aquellos necesarios para su existencia. La década de los sesenta es importante históricamente dentro del barrio. El movimiento chicano vino a orientar y a encauzar la conciencia de la juventud chicana hacia otras perspectivas, abriéndoles salidas ignoradas o anteriormente inexistentes. La dirección político-social del movimiento abrió nuevas vistas para el joven Morales, que por sus propios esfuerzos había logrado ingresar en el East Los Angeles Community College. Encontrándose en medio de la efervescencia del barrio, cuyas secundarias y colegios respaldaban la lucha para mejorar la educación de la juventud chicana, Morales participó en los "walkouts" y "sit-ins", muy populares en los sesenta como forma de protesta en los planteles educativos.[5] Al ingresar en 1967 en California State University, Los Angeles, el movimiento había ya asentado sus bases en las organizaciones estudiantiles que luchaban mano a mano con las organizaciones políticas que brotaban en el barrio. Pero la transición y trasformación por la cual pasaban las diferentes palomillas del barrio era penosa y difícil. El proceso no estaba muy bien delineado y existían numerosos problemas que debían resolverse para obtener el cambio total de dirección. Las drogas y la toxicomanía estaban en su apogeo y bien controladas por grupos que no querían perder a sus adictos. La juventud del barrio se rebelaba en varios frentes: en contra de la explotación de los traficantes, la constante persecución de la policía y la discriminación por parte de una sociedad que había perdido la fe en su propia juventud.

Los lazos de Morales con el barrio eran todavía muy fuertes, pero se daba cuenta que era preciso romper con su antigua condición. Morales se pasaba los pocos ratos libres en la biblioteca leyendo y estudiando el significado de los movimientos sociales y el impacto que pudieran tener en esos tiempos de lucha por los derechos civiles. Mientras tanto el barrio explotaba. Se intensificaban los "walkouts" en las secundarias Wilson y Gardner; las palomillas se transformaban en los "Brown Berets", las boinas cafés que, igual a su modelo los "Black Berets" de los negros, patrullaban y defendían el barrio de los excesos policíacos que sucedían más a menudo.

Morales comprendía a estos jóvenes, pues él mismo había pasado por sus ritos para mostrar que era hombre. Stan Steiner describe estos ritos en *La Raza: The Mexican-Americans*:

> The gang member has to prove his manhood and his ability to survive. "He will undertake the most fantastic stunts to prove a great deal. He will risk his life and his freedom to maintain his growing reputation as a tough fighter, a rugged guy."[6]

Morales mismo se había probado, pero ¿hacia qué fin? Su identidad como chicano le interesaba mucho y se preocupaba por la cultura que casi estaba por perderse por la ignorancia que los jóvenes tenían de ella. Morales se instruía más y más en su lengua como arma de conservación. Se daba cuenta que su "kitchen Spanish" (así llama él al español hablado en el barrio) era discriminado, pero era el único idioma que sabía aparte del inglés, y no se avergonzaba; con él se comunicaba dentro del barrio y eso era lo importante. Sin embargo, tenía que trascenderse lingüísticamente para poder lograr su meta: contar la historia de lo que estaba pasando a su alrededor. Habiendo conseguido su credencial de maestro en educación en Los Angeles, Morales decidió seguir estudios superiores de maestría en español y consiguió una beca para ingresar a Rutgers University en el este de los Estados Unidos. Este cambio era necesario para él; debía ausentarse un poco para digerir bien los sucesos que había experimentado en el barrio. Tenía que conocer algo más allá del barrio, más allá de esa prisión que lo había tenido ignorante de otros mundos y de la cual jamás había salido. Tal oportunidad le abría la puerta y se dirigió a New Jersey, al mundo del "otro lado".[7]

Al alejarse del barrio, Morales empezó a enfocarlo desde afuera para tratar de comprender mejor la relación de su mundo con la universalidad de su nueva condición. La juventud fuera del barrio no era muy diferente a los grupos que él había dejado, si bien tenían otras metas; pero la particularidad de ese mundo fue el descubrimiento de que había otra vida, de que existían oportunidades que él no había experimentado. La raza de los barrios, anteriormente invisible, cobraba vida en los periódicos y artículos escritos sobre ellos y por ellos. Morales no quería quedarse atrás porque tenía un compromiso apremiante: de descubrir al mundo el universo hermético de la juventud, que se doblaba en un misticismo estupefaciente para poder aguantar una existencia sin salida que se le había impuesto como destino. Tenía a ese mundo todavía fresco en la mente y quería conservarlo como lo había experimentado; quería poder decir: así pasó. No podía darse el lujo de esperar a escribir una obra maestra de lenguaje y perder el estilo verdadero de la historia; esto lo expresa muy bien Lévi-Strauss:

> Basta, pues, con que la historia se aleje de nosotros en la duración, o que nosotros nos alejemos de ella por el pensamiento, para que deje de ser interiorizable y pierda su inteligibilidad, ilusión que se vincula a una interioridad provisional.[8]

Pero sus estudios tenían prioridad. No podía dejar sin terminar lo que tanto ambicionaba y prosiguió con su maestría. Después de tres años, regresó al barrio a mostrarle a la juventud lo que se podía hacer, pero las caras eran viejas y todo permanecía igual. Nada había cambiado. Ya no podía esperar más; sentía que todavía había tiempo para que la estirpe se viera reflejada en el espejo y se diera cuenta de su condición. Decidió escribir la historia para ellos, sin rodeos y al grano, en su propio idioma para que pudieran entender. La escribiría filtrándola a través de una mentalidad que comprendiera bien el mundo que iba a narrar.

Al terminar la obra, Morales no encontraba una editorial que quisiera publicarla. Las editoriales chicanas no se atrevían a presentar ese lado del pueblo que pudiera dar una imagen negativa del barrio después de los esfuerzos de otros escritores por representar lo positivo del pueblo chicano. Además, creían que el lenguaje no se apegaba a las formas de expresión del chicano, tales como la expresión bilingüe o el caló del barrio. Les parecía que era una mala traducción del inglés al español. Por otro lado, las editoriales angloamericanas no se atrevían a publicarla por falta de mercado en español. Morales no se dejó llevar por los consejos bien intencionados de los editores, quienes querían que reformara su obra en cuanto a la estructura y el lenguaje. Sin desistir, llevó su obra a México para buscar su publicación. Morales, en ese entonces, no tenía idea a quién pudiera recurrir, pero sabía cuáles eran las editoriales de más prestigio en México. Escogió tres de las mejores, Siglo XXI, Fondo de Cultura Económica y Joaquín Mortiz. Después de varias semanas de hacer antesala y de tantos "vuelva mañana", consiguió una carta de presentación al editor de Joaquín Mortiz y le entregó el manuscrito sin muchas esperanzas. Al cabo de un mes y después de varias lecturas por escritores conocidos de la editorial, Morales fue informado que Joaquín Mortiz publicaría la obra en 1975. Este hecho confirmaba en Morales el optimismo que siempre lo había salvado en el barrio y en su profesión académica y literaria.

Texto: La estirpe—al margen de la vida

Caras viejas se publicó en México en noviembre de 1975 con una tirada de cinco mil ejemplares y con pocos avances literarios de publicidad.[9] Como ya se ha dicho, Morales se vio obligado a publicar en México por no haber encontrado una editorial en los Estados Unidos que se interesara en una obra escrita en español. Debajo de la dedicatoria, en la parte inicial del libro, Morales escribe esta declaración: ". . . espero que pronto llegue el día en que no me vea obligado a salir de mi propio país para publicar una novela escrita en español. *México, 1975*". Sin embargo, la siguiente obra de Morales (*La verdad sin voz*, 1979) fue publicada por la misma editorial. Sólo ahora, nos dice el autor, existe la posibilidad de que se publique su próxima novela en los Estados Unidos.

Caras viejas está presentado con un dibujo en tres colores en la portada hecho por Roberto Valle. Este dibujo expresionista nos parece inapropiado para representar el contenido de la novela. Morales nos dice que él no tuvo nada que ver con el diseño del libro y que tampoco sabe interpretar su significado.[10] El libro lleva esta dedicatoria: "Para mi barrio, que estará conmigo siempre." El título es parte de un verso:

"Old faces and new wine . . . I
followed the sun West."

(Prescott Chaplin, *To What Green Altar?*)

Morales nos dice que la cita representa para él el regreso a su barrio en el oeste después de estar varios años en New Jersey. Los viejos amigos estaban todavía enterrados en el barrio, sin ninguna mejora en sus vidas; sólo el vino era nuevo. La portada posterior del libro tiene una foto grande del autor en blanco y negro e información biográfica. También se incluye una breve reseña de la obra y su significado; se dice que quizás sea la primera obra chicana escrita completamente en español.[11]

Caras viejas y vino nuevo es la historia de la juventud chicana en un barrio urbano en la que se enfoca un submundo de drogas, parias y luchas constantes entre padres e hijos. El barrio es descrito y comentado a través de los ojos y la mente de Mateo, el protagonista, quien nos introduce en su ambiente por medio de personajes con quienes él convive, sin llegar a formar parte completa de ese medio. Julián, los Buenasuerte, el tío Tony y Melón son algunos de los integrantes principales del grupo de Mateo, pero es la historia de Julián la que profundiza con violencia en el mundo del barrio. Mateo es el mejor amigo de Julián, a quien admira, quiere y odia a la vez. Lo admira porque Julián tiene todas las características del macho rebelde necesarias para sobrevivir en el barrio, pero al mismo tiempo Mateo reconoce en el comportamiento de Julián las semillas de su propia destrucción. Julián y su padre, Don Edmundo, viven en eterno conflicto a causa de la muerte de Margo, madre de Julián, que era la única persona a quien los dos amaban. Para soportar la pérdida y poder sobrevivir en un mundo de dolor y frustración, Julián se vuelve drogadicto, alcohólico y violento, estado que lo lleva a la desesperación al saber que su padre tiene una querida que duerme en la cama de su madre. Instigado por los Buenasuerte, Julián decide enfrentarse a su padre y la querida, culminando este confrontamiento en la muerte de Julián y los Buenasuerte al volcarse el coche en el que viajan. Román, el hermano menor de Julián, es el único que se salva.

Con estas escenas el autor inicia la obra y, poco a poco, nos cuenta en retrospectiva los hechos que contribuyeron a la tragedia. La historia está contada de fin a comienzo; es decir, también se puede entender la obra si se leen los segmentos de atrás a adelante. Es más, la obra se entiende más fácilmente de esta manera, pero la intención de Morales fue de presentarnos primero la tragedia que aún estaba fresca en su mente.[12] Sin embargo, una vez que el lector se haya acostumbrado a hilar la historia al revés, se dará cuenta de la habilidad del escritor para llevarnos del presente al pasado por medio de estados mentales y físicos que Mateo presencia, recuerda y comenta. Hay un narrador en tercera persona que a veces se pierde o se confunde con la voz de Mateo, Julián u otro personaje cuya identidad tenemos que investigar. Este elemento de fusión de voces aporta a la narrativa una actividad que alterna constantemente el diálogo, monólogo interior, descripción y comentario. Veamos un ejemplo de este elemento estructural:

> Paró el carro enfrente de la casa, le ayudó al anciano a entrar en la suya. Las estrellas querían comunicarse con él, le lanzaban lucecitas filosas a la mente. Sin duda todos creen que estoy loco mirando al cielo y a sus compañeros; miro alrededor, las casas, la calle, el lodo (pág. 38).

En este ejemplo vemos que no hay ninguna transición entre la descripción en tercera persona y el monólogo interior que inclusive cambia a comentario o descripción que complementa el monólogo: "Sin duda todos creen que estoy loco mirando al cielo y a sus compañeros; *miro alrededor, las casas, las calles, el lodo.*" Aquí se notan dos estados de conciencia dentro del monólogo interior. Los saltos de voz narrativa ocurren a menudo a través de la obra, a veces en estructuras más complicadas que nos obligan a detenernos para desentrañar sus componentes.

Los elementos estructurales que sostienen la obra son el tiempo que transcurre en retrospectiva y la forma de expresión que se mantiene uniforme dentro de los diferentes cambios narrativos, ya sean descripciones, diálogos, monólogos o comentarios. Los eventos culminantes de la obra se presentan con anterioridad a sus causas y conflictos generadores para después llevarnos en retroceso, pero no en forma de "flashbacks" sino en cronología casi lineal que permite que la obra sea leída al revés. Sin embargo, la inclusión del epílogo le aporta finalidad a la historia al informarnos sobre la muerte de Mateo, que tampoco pudo escapar la fatalidad del destino.

La forma de expresión es el elemento que resalta en la obra. El lenguaje es crudo, violento, sin rodeos ni pretensiones; es el medio esencial para conseguir la relación sensorial que buscaba Morales para hacernos sentir ese mundo tal como él quería. Más adelante daremos ejemplos explícitos sobre el manejo de esta expresión al relacionarla con el mundo representado. En la obra no hay simbolismo profundo ni construcciones difíciles que aludan a mitos o conceptos esotéricos, si bien hay construcciones ambiguas, a veces oscuras y redundantes, que incluyen todas las formas contrarias a lo que se llama "lenguaje literario". Estas construcciones están conscientemente manipuladas para crear una dimensión sicológica que nos permita ser parte de la visión interna desde la cual el protagonista proyecta el reflejo del mundo descrito. En otras palabras, el autor nos sumerge en el fluir de la conciencia de Mateo, cuya mente no necesita antecedentes explícitos para comprender lo que sucede o lo que describe. Este recurso lo emplea hábilmente James Joyce en *Ulysses*, pero en el caso de Joyce el fluir de la conciencia ocurre cuando el lector ya sabe los antecedentes que iluminan lo narrado. En la obra de Morales no hay tales antecedentes; el fluir de la conciencia, que puede considerarse toda la obra, serpentea dentro y fuera de diálogos recordados y descripciones en tercera persona que se supone son de otro narrador, pero que en última instancia resultan ser del mismo Mateo, que se desdobla para contar la historia con el disfraz de varias perspectivas. Esta hipótesis no es difícil de demostrar, pero necesitaríamos un estudio más amplio para relacionar todos los pasajes en donde ocurren los desdoblamientos para aclarar esta observación. Sin embargo, al seguir estudiando y comentando el texto, daremos ejemplos que nos apoyen.

Se puede decir que la obra comienza cuando Mateo sube a un techo desde donde contempla el panorama del barrio. Desde esta altura, Mateo ve, observa, siente y comenta. La narración empieza con una descripción física del barrio y termina con otra descripción del mismo, enmarcando, como en una película, la historia comprendida por escenas ambientales que insinúan que todo queda igual a pesar de la tragedia que se desarrolló y otras que seguirán desarrollándose en sus confines. La escena al comienzo del libro, sobre la confrontación de Julián y su padre con su fatal resultado, sirve como preámbulo para captar la atención del lector, como en las películas que comienzan sin anticipación para después ofrecernos los créditos y el verdadero comienzo:

> Subiendo al techo se podía oír, oler y saborear la vida de la ciudad . . . Desde el techo se podía ver la lumbre de los muchachos en el llano y se podía ver la casita del Compadrito. ¡Orale, muchachos! Y los ojos vieron a las manos saludar. Acá arriba se sentía poderoso; amor, tristeza y odio, todo se mezclaba en la mente de Mateo (pp. 15, 18).

La obra termina con otra descripción del barrio:

> El barrio estaba situado en el hoyo que estaba confinado en dos lados contiguos por barrancas pequeñas . . . Surgió un pueblo instantáneo como muchos otros durante las épocas . . . Pero en este lugar como en los otros latían problemas viejos y nuevos, quizás mayores de los que dejaron allá (pp. 125-26).

Se puede decir que el lenguaje empleado en la narrativa es una mezcla de español chicano ("En el centro estaba ubicada una mesa redonda con sillas amorosas") y caló, o sea, la jerga de la juventud del barrio ("Pinche tecato, te voy a cohetear, ese"). Como Mateo es representante de ese mundo y es el que nos cuenta la historia, su forma de expresión debe coincidir con la realidad del lenguaje. A la vez, hay modalidades dentro de esta forma de expresión que hacen resaltar, como *leitmotiv*, las partes del cuerpo y los objetos, constantemente personificados:

> Los ojos, las orejas, los codos, las ingles, las vergas, los brazos y las panochas; todos fumaban . . . (pág. 67).
> Una mano ofreció una botella de vino. La cabeza la rehusó. . . .
> La mano se extendió y agarró el dinero y se fue hacia la tienda (pp. 32-33).

Ya la casa sentía mucha gente en sus entrañas y las forzó afuera (pág. 43).

El lenguaje de Mateo abunda en redundancias, sinestesias, hipérboles y otras formas de expresión que infunden realidad al personaje: "La histeria del miedo de perder a alguien amado llegó a la casa golpeando la puerta"; "La rana soplada soplaba pero no podía conseguir aire"; "lo espiaba con espejos largos y llorando lloraba por los senderos de la estirpe"; "se rió del Buenasuerte riéndose de él", y así continúa Mateo empleando el gerundio con habilidad sintáctica pero desconcertante.

Esta manera de expresarse infunde a la obra un tono de pesimismo fatalista y tremendista, pues al describir las escenas en donde participan los personajes, el lenguaje es crudo, vulgar y chocante, convirtiendo la descripción de un acto sexual en sadismo y bestialidad. Las descripciones pornográficas no resultan sensuales; se vuelven desagradables porque el narrador se concentra en lo que encuentra más asqueroso del acto, denigrando lo que pudiera tener de erotismo y sensualidad. Este es un mundo de machos, en el sentido bestial de la palabra; las hembras son meros juguetes sexuales para quienes tienen que desbordar sus instintos, acentuados por el alcohol, por las drogas y por la soledad. Aparte de este énfasis en lo sexual, las mujeres en la obra no se desligan de sus roles sociales tradicionales, o sea, de madres abnegadas y sufridas que adoran a sus hijos, aguantan los golpes de sus maridos y finalmente se sacrifican sin protestar. Pero a pesar de este tono pesimista, la obra deja entrever la esperanza de un mundo mejor; esto se nota cada vez que Mateo reflexiona sobre la gente del barrio y el barrio mismo: "También me gusta chingar, me gusta esta gente, los quiero mucho, me encanta estar con ellos, su humor, su manera violenta, las mujeres y la manera gacha de tirar chingadazos" (pág. 68).

Veamos otra perspectiva:

> Hacia la izquierda apartamentos, filas y filas de ventanas, coches que tiran a los ojos reflejos irritantes del sol por los vidrios brillantes; un niño garriento feliz jugando en la calle polvorosa, un perro hambriento, un muchacho peinándose el pelo largo y pasando un automóvil muerto, deshecho que debe estar en un basurero en vez de decorar la calle frente de una suciecita casa de madera... Todavía se oyen extraños ruidos familiares que se agregan a la selva (15, 16).

Sin embargo, también describe su lado feliz:

> La vecindad lucía una belleza íntima; el barrio es un lugar bello si uno lo siente como lo sentía él (pág. 41).

El mundo es tan bello, nada, nada en él es horrible; nada en absoluto es feo, aún en lo más repugnante se encuentra la belleza (pág. 63).

A pesar de que la última descripción alude a la decadencia del barrio, éste todavía perdura: "El barrio no cambia; parece que jamás cambiará." La composición ambiental y física del barrio que nos proporcionan las descripciones nos dan a comprender cómo son estos barrios pobres, ignorados y subdesarrollados; estos barrios de cualquier urbe, nacidos durante la revolución industrial del siglo pasado y que, a pesar de intentos económicos y políticos por más de un siglo, siguen casi en las mismas condiciones de miseria. La delincuencia, el tráfico de drogas y las tragedias pasionales son hasta tal punto parte de este medio que no pueden considerarse exclusivas de un determinado grupo étnico o racial. A pesar del hecho de que la opresión económica sea la estructura típica de ese medio, Morales cromatiza al barrio con el sello de su herencia cultural chicana. El mundo del barrio chicano es entonces el que Morales nos describe y sobre el cual profundiza; nos lo hace ver desde un vórtice interno que nos lleva violentamente, como un torbellino que busca la calma de la superficie. Este es un mundo de miseria en donde la juventud no tiene otros modelos sino los mismos habitantes desgraciados, y en donde la esperanza de sobrevivir con dignidad obliga el tenaz aferramiento a las tradiciones con el presentido destino de fatalidad. Los del barrio saben muy bien que deben emular a "los de allá" para poder salir de su condición. Algunos lo intentan; unos lo logran, otros se vuelven indeseables para ambos mundos. No se trata de escapar, porque del barrio no hay escape. Los sociólogos han categorizado a estos dos tipos de personalidad dentro del barrio como "ambiciosos" y "conformes".[13] En la obra, Mateo es ambicioso; está dispuesto a cambiar, a unirse con los del "otro lado" para poder conseguir sus ambiciones:

> ... me gustaría hacerme uno de esos profesores famosos, o un escritor famoso, uno que gane premios, que lo respeten por lo que sabe (pág. 68).

Julián y los demás de la estirpe son los "conformes":

> Y aquí vivo y aquí duermo, como, y aquí me siento sobre una silla hecha por animales que lo ignoran todo, porque reciben los servicios mirando a las madres que libremente se afligen. Estos son los pensamientos y los pilares de la libertad sufriendo sobre una colina y allí mueren en el sudor natural de la verdura creada por Dios. Todos estuvieron allí, mi abuelo, mi padre, mis her-

manos, todos y todavía existe, ahora tal vez más intenso porque nos damos cuenta de lo actual y del pasado (pág. 116).

Esta es "la estirpe", la que nace, crece, se reproduce y muere en el barrio. Aunque Mateo pertenece a las dos categorías, de una manera u otra, él no se siente parte de los "conformes"; sabe muy bien que lo estiman y lo toleran pero que no es uno de ellos. Mateo especula sobre su aceptación:

> ¿Qué piensan ellos de mí? ¿Y quiénes son ellos? Pero tengo suerte, yo me meto aquí, allá, en donde quiera. Ellos me toleran, me consideran un fenómeno, hecho de libros y pantalones cortos y zapatos tenis; lo esperan de mí, yo los divierto, por eso me admiten, tal vez? (pág. 68).

Además, ese mundo lo atrae y se mezcla con ellos aunque después se arrepienta. Conoce ese mundo muy bien; sabe sus ritos y ceremonias y los compara a un misticismo religioso, cuyo rito máximo es llegar al éxtasis de una contemplación ilusoria en donde la realidad de sus vidas se desvanece en la euforia de sobrevivir. Esa es la realidad que buscan, el escape de otra realidad que encuentran como pesadilla eterna; no hay otro modo de tolerarla si no fuera por las drogas. Andar "místico" es la ambición para poder vivir. Son interesantes las comparaciones que hace Mateo entre el misticismo del barrio y los ritos religiosos tradicionales:

> ... sobre la mesa había, no le sorprendió, una lata del misticismo cuyos poderes estaban desparramados sobre un mantel angélico. ¿Qué chingados estás haciendo, Julián? Ese, pues, rollando unos toques para la salud ... El cuerpo se levantó, contó diez hostias, el resto del pan lo puso de nuevo en el copón que limpió con el mantel puro, lo dobló, lo colocó cuidadosamente sobre el copón; el cuerpo giró, dio unos pasos hacia la pared, abrió y escondió el copón con las hostias, cubierto con el paño sacro en el sagrario. Se volvió, metió una hostia en la boca, comió. Orale, Mateo, ésta sí es buena. Ten, ¿no quieres? Trucha, Julián, esa cosa me chinga el seso (pág. 71).

Este acto se compara con la consagración de la misa en donde los fieles reciben el pan de la vida eterna; los "místicos" dan un doble sentido a estos ritos porque son aún más significativos dentro de sus creencias religiosas, en cuyas ceremonias todavía participaban, como Mateo nos describe:

> Melón, Lucio, Miguelito y místicos como ellos creían en Dios. En ellos vivía una fe fuerte en el Dios de sus padres. La creencia de ellos se dejaba ver en su presencia en velorios y funerales; en el persignarse culpablemente cuando se acordaban, antes de

acostarse o por la medalla que siempre llevaban alrededor del cuello. Esta fe fue desarrollada y acondicionada en ellos por los abuelos y los padres. Era algo que ellos abrazaban con amor, temor y curiosidad; el bautismo, el catecismo todos los sábados, la confesión, la primera comunión, la misa todos los domingos, la confirmación, el matrimonio y la extremaunción—todos estos hechos eran de gran importancia en la vida de cada uno de ellos; eran necesarios para lograr el misticismo máximo que sabían que iban a recibir (pág. 105).

Es preciso hacer estas relaciones porque el mundo del barrio no está aislado; está fuertemente anclado en la herencia de las costumbres culturales y religiosas. Sin embargo, el barrio está cediendo a las presiones del mundo de afuera. Cada día que pasa se hace menos posible retener la identidad que lo separa del mundo del otro lado: los lazos familiares se deterioran por las constantes luchas entre padres y adolescentes que tratan de usurpar el antiguo poder de aquéllos; las exigencias sociales del otro lado requieren que el barrio se asimile a la superestructura angloamericana. El desempleo, la discriminación y el prejuicio que sufre la gente del barrio son resumidos por Mateo:

> El pedazo de piel que marca el nivel alto y bajo de la moderna civilización occidental lo tiene esclavizado. El crucifijo es usado como bastón o condón a través del delirio de la juventud por la ilusión de prostituirse por una causa (pág. 16).

La tensión que surge entre los dos mundos "de aquí" y "de allá" produce elementos antagónicos basados en la ignorancia y la desconfianza. El pueblo chicano incluye los más recientes grupos de inmigrantes a los Estados Unidos; éstos se establecen en los barrios y se colocan por necesidad en el último escalafón económico. La tenacidad de estos grupos por no perder su lengua e identidad cultural contribuye a su constante discriminación por otros grupos asimilados que los ven como extranjeros. El barrio los junta y los aparta: les proporciona un medio de vida mexicano pero los segrega cultural y económicamente del resto de la población americanizada. A pesar de ello, se nota claramente en la obra que existen dos corrientes internas en el barrio. Un grupo insiste en preservar su identidad chicana aunque continúe sufriendo opresión económica; el otro aboga por un cambio basado en la educación y conocimiento de sus raíces culturales para conseguir un mejoramiento social y económico dentro de la pluralidad americana. Mateo es de este último grupo y nos lo explica de esta manera:

Espera, déjame decirte otra cosa nada más; cuanto más vivo, más entiendo la lucha de la estirpe. Tú sabes lo que necesita esa gente, lo que necesita es saber la historia de los antepasados, pero esa historia tiene que venir de los padres, los de aquí, y también los de allá. Eso sí me molesta, la ignorancia de todos los grupos, tenemos que desarrollar un espíritu ecuménico. Tú no entiendes lo que siento. Mateo ya deja los clichés. No, no me importa, porque tú no puedes, y ni tú ni ellos entenderán mi emoción, mi lucha para tratar de expresar esta emoción, este amor, este sentimiento inexplicable de potencial. En mí vive algo, es como un río que ha corrido por millones de años y ahora corre en mí, pero con una fuerza colectiva; este turbulento río empieza a desbordarse, quisiera que rompiera el dique para inundar y mojar a toda la estirpe para que se hiciera más poderosa y creadora (pág. 74).

A pesar de que Mateo comprende lo que debe ocurrir para la liberación del pueblo, le es necesario desnudarlo para producir el asco que lo estremezca hacia la realización de que hay alternativas. Pero el espejo es a veces cruel y brutalmente específico, como en la escena siguiente:

Julián, qué monito te ves. Te sientes bien, ¿verdad? ¿No tienes algo? Dame algo. Con las manos sobándole el panocho le empujaba la verga por el culo, jugando a los perros. Tengo tres coloradas. ¿Qué me das por ellas? Ella volteó, lo besó, le abrió la braqueta, se la sacó y ahora se la jalaba. Te quiero, Julián, te quiero; dame las coloradas. La risa le salía de la boca y el deseo le palpitaba en el corazón. . . . Las píldoras no la excitaban sexualmente pero le encantaba el mundo transformado a través de ellas, pero sí fingía que la hacía más tensa y excitada para que Julián continuara dándole más (pág. 46).

Es natural sentir repugnancia por lo explícito del lenguaje, que semeja la expresión de una novela pornográfica barata; sin embargo, el lenguaje se emplea aquí no con la intención de excitar sino, al contrario, de inyectarle realidad a la novela, sin los filtros de la decencia social. Morales escribe su novela no con el lenguaje que Carlos Fuentes llama "colonizado" (literario, eufemista, lleno de convención social); la escribe con la expresión liberada de toda convención literaria y social, describiéndonos su mundo como realmente lo ve y lo siente. El lenguaje de los novelistas chicanos que escriben en español tiene por fuerza que liberarse de toda convención; de otra manera permanecerá como antes un lenguaje eufemístico y de fácil tolerancia. Carlos Fuentes nos pone en contraste el lenguaje "colonizado" con el lenguaje "liberado" de la nueva narrativa:

Es el lenguaje de los amos el que se le ha impuesto al pueblo. La manera en que el mexicano humilde habla el español. Este lenguaje está lleno de diminutivos para que sea suave y no ofenda; está lleno de giros circunventivos y formas de cortesía. Se habla siempre en el subjuntivo. *Solamente cuando el amo se voltea, el lenguaje explota* (traducción y subrayado nuestro).[14]

Dentro de este contexto se puede apreciar mejor la intención de Morales en cuanto a su forma de expresión. Su lenguaje es rebelde y explota con la realidad del barrio. La juventud chicana, cuyo mundo es descrito en *Caras viejas*, cobra autenticidad por medio del realismo de la expresión; no se podía separar el lenguaje de su realidad. Morales lo entiende y los une en una obra que capta la realidad social del medio y su forma de expresión.

Contexto: La juventud sin escape

En los Estados Unidos, donde se creó e impera la "democracia tipo americano", la actividad social de la economía es la menos democrática. Los lindes económicos que separan la riqueza de la pobreza están profundamente marcados por idiosincrasias, estereotipos, discriminaciones y falsas creencias sociales que aún vienen a separarlas más restringidamente que la separación de castas. Por ejemplo, dentro de la clase socioeconómica media se cree que la pobreza, la ignorancia y la delincuencia están estrechamente relacionadas con la etnicidad y raza del grupo que habita dentro de esos enclaves urbanos denominados "barrios" o "ghettos".[15] Con la constante fuga de la clase media hacia los suburbios (los alrededores satélites de las grandes ciudades que históricamente pertenecían a las clases desamparadas con el nombre de "arrabales"), la vieja parte de la ciudad cede más y más como albergue a la clase socioeconómicamente baja. Estos locales quedan aislados, separados de la afluencia visible de las modernas megalópolis. En otras palabras, las ciudades separan las secciones pobres, quedando éstas aisladas de la vista crítica del visitante.

En Latinoamérica la pobreza es más democrática. A pesar de que existen los arrabales al lado de suburbios estéticamente planificados como residencias prestigiosas, todavía se puede ver, dentro de las grandes ciudades, una casucha o choza apoyándose a una gran mansión, dando así la impresión de que la riqueza y la pobreza están lado a lado sin separación alguna. Es ésta la razón por la cual el turista extranjero se lleva la impresión de la pobreza porque le resulta más visible; no está escondida de sus ojos. Sin embargo, la sociedad moderna—es decir a partir de la revolución industrial—ha cerrado los ojos hacia esta parte de la estructura, convirtiéndola en un submundo que no participa de la evolución económica intrínseca a su desarrollo total. Este mundo ha sido históricamente descrito en la literatura social como un pozo donde los indeseables, el elemento criminal y la amoralidad han encontrado recinto y supervivencia. Desde el siglo diecinueve, con las novelas sociales de los naturalistas, basadas en un predeterminismo social y ambiental y reforzadas por nuevas teorías sociológicas positivistas, este submundo de características exóticas y atrayentes ha sido explotado por escritores, sociólogos y otros estudiosos de las ciencias sociales sin beneficio alguno para sus integrantes. Hugo, Dickens, Balzac, Steinbeck y otros escritores más se han internado en este mundo para describírnoslo como observadores pero no como participantes. Morales es el primer chicano integrante de este grupo que logra, de manera violenta y brusca, desnudar su mundo y exponerlo con su propia realidad interna.

Para los albores del movimiento en la década de los sesenta, ya se habían publicado varios estudios sociológicos detallando estadísticamente el comportamiento social de los integrantes del barrio y su estructura. Pero esta curiosidad científica no iba más allá de la aglomeración de datos sobre la criminalidad, el alto nivel del tráfico de drogas y el índice de crecimiento de estos barrios, cuyos habitantes se multiplicaban sin ensanchar sus fronteras. Excepciones a estos estudios son las obras de Manuel Gamio, Carey McWilliams y George C. Barker, que desde 1930 han tratado de penetrar el mundo invisible del chicano para provocar la esperada reacción social de mejoramiento.[16] Sin embargo, el mundo del chicano con sus barrios, colonias y campos agrícolas fue casi totalmente ignorado hasta que el pueblo chicano explotó políticamente en los sesenta. A pesar de que el movimiento empezó en los barrios de las ciudades, la lucha se desvió al campo, alentado por las huelgas de César Chávez. El chicano urbano de los barrios se olvidó de su propia miseria para acudir a la ayuda de sus hermanos más desafortunados que trataban de existir en condiciones peores que las del barrio. El barrio fue olvidado. El movimiento parece que cobró más eficacia al enfocar la suerte del campesino y su lucha en contra de los monopolios agrícolas. El barrio seguía sumergido en su letargo sin ninguna apariencia de evolución. No obstante ese aparente estado de calma, los chicanos del barrio se movilizaban, instigados por algunos logros del movimiento en cuanto a oportunidades políticas y educacionales. Algunos conseguían puestos administrativos para poder ayudarse mutuamente, otros ingresaban en las universidades para capacitarse e internarse en los niveles profesionales. Trataban de conseguir todo esto sin perder su herencia cultural o su identidad como chicanos; habían conseguido cierto orgullo de raza y eso les proporcionaba el aliento para seguir luchando.

Al empezar el movimiento chicano a mediados de los sesenta, existía una ignorancia casi total del mundo chicano en el resto del país. En 1966, Celia S. Heller escribe:

> The Mexican American minority has received little attention from the mass media of communication and, outside the Southwest, there is hardly any awareness of its existence. This merits some thought, especially since the Mexican Americans are the third largest minority in the United States.[17]

Mucho ha pasado desde entonces. Sin embargo, a pesar de que se han publicado varios estudios sobre el barrio y su estructura social por los mismos chicanos,[18] el barrio sigue incambiable y hermético. Las mismas configuraciones sociales que salieron como datos en los sesenta son los que se encuentran actualmente. Esto se debe, según algunos sociólogos,[19] a la insistencia en preservar la cultura tradicional como único medio de continuidad del pueblo. Los chicanos se dan cuenta de que una vez que se rompa o se desvíe de esta actitud conservadora, el pueblo se transformará aún más, alejándose de sus raíces culturales. En 1966 Heller observó: "Both in the rate and the degree of acculturation and assimilation Mexican Americans are among the least "Americanized" of all ethnic groups in the United States."[20] Donald J. Bogue agrega:

> ... of all ethnic groups in the United States, the Mexican Americans constitute the only ethnic group for which a comparison of the characteristics of the first and second generations fails to show a substantial intergeneration rise in socioeconomic status.[21]

Y en 1975, Morales nos dice en su obra:

> Ellos también han sufrido; tenía orgullo de los parientes. El sabía que otro exactamente como él había existido en aquel entonces; era su gemelo que tenía otro gemelo anterior a él. Hubo otros como él y los quería y los sentía (pág. 45).

Con esto Morales nos da a entender que el personaje del barrio se siente parte de un continuo; que el padre y el abuelo habían sido exactamente como él. De esta manera la estirpe consigue su perpetuación. Los hijos siguen los pasos del padre, en los mismos menesteres, trabajos y comportamiento. Pero también Morales se rebela contra esa tradición al reconocer que tiene que haber un cambio generacional para romper con el pasado:

> Le pegarás a tu hermano para impedir que sea como tú; usarías el mismo método que usa tu padre para corregirte a ti, pobre desgraciado, no sabes otra cosa; odias a tu padre; no quieres ser como él, pero usarás la misma manera para salvar a tu hermano (pág. 85).

La estirpe tiene mucho pasado que le pesa desechar para obtener un futuro limpio que empiece con la conciencia del presente; pero al romper con el pasado, puede desaparecer. Mateo insiste con los demás miembros de la palomilla sobre este cambio, y reconoce los fuertes lazos de hermandad que la juventud encuentra dentro de estos grupos. La palomilla resulta ser una de las asociaciones más importantes para la juventud del barrio. En ella encuentra el escape y la aceptación que se les niega no sólo dentro del barrio sino también afuera, en el otro lado. Celia S. Heller observa esta peculiaridad de la palomilla chicana:

> The conditions that have been attested as conducive to gang formation—such as sharp cultural differences, distance between youth and parents, living in the slums—are operating in the case of Mexican Americans, and some of them to a greater degree than among other lower class groups.[22]

Estos datos nos indican que la palomilla es más importante para los chicanos del barrio que para cualquier otro grupo de condición similar. Morales explica el significado del mundo de la palomilla, lo que significa para los indeseables tener algo propio en donde encuentren solaz en la camaradería y aceptación de sus semejantes:

> Vienen a nuestro mundo ¿Qué no ves? Este es nuestro mundo privado y todos los que entran en él son extranjeros. No los queremos aquí; les decimos algo, nos contestan y tenemos opinión. Los ajenos cultivan una imagen preconcebida y lentamente todos ellos llegan a pensar lo mismo de nosotros y nuestro mundo. Los nativos también tienen prejuicio hacia ellos. Es un problema de comunicación y entendimiento. Todos los participantes no quieren dejar sus actitudes determinadas; están demasiado interesados en adquirir lo que nunca han tenido, o prohibiendo a alguien obtener lo que necesitan, o vengándose, o sencillamente siendo demasiado estúpidos para acercarse a las lacras de la realidad (pág. 73).

Mateo ve a sus compañeros como víctimas de las circunstancias; la falta de comunicación impide un entendimiento completo de la realidad porque lo que buscan es solamente un escape de esa sociedad que los rechaza. La juventud parece encontrarse desamparada tanto por su propia gente como por los del otro lado. Los jóvenes no quieren ser como sus padres; sin embargo, no tienen otros modelos para seguir. Se ven envueltos en una trampa sin salida porque tienen la certeza de que no vale la pena creer que pueda haber alguien que les tenga respeto y los tome en cuenta. Así es que ellos determinan su propia vida basada en lo que ha sucedido y seguirá pasando. Tienen que sobrevivir como sea; no culpan a nadie y dependen solamente de ellos mismos. Algunos, como los viejos, se defienden con la conformidad a la voluntad de Dios, pero Mateo les contradice:

> Qué voluntad de Dios ni qué voluntad de Dios, por favor, mamá; si fuera la voluntad de Dios, Julián no estaría donde está ahora. Es su propia culpa; él sabe las consecuencias de lo que hace. Voluntad de Dios . . . A Julián le gusta hacer lo que hace, le gusta más que nada (pág. 90).

Esta actitud existencialista supone que la juventud del barrio no espera ayuda, ni divina ni humana. Los mayores del barrio los repudian y por lo tanto no tienen a quién acudir cuando necesitan ayuda; sólo en el seno de su propia palomilla, cuyos integrantes se encuentran en las mismas condiciones que ellos, hallan consuelo. Sus propios padres se expresan con rencor de ellos:

> Ahí va Julián. ¿No te parece que está mariguano? Las mantillas negras que cubrían las canas posicionaban los ojos viejos para mirarlo. Mire, Doña Beatriz, ahí va el hijo. ¡Ese es! Sí ése es el culpable. Ay, este mundo; que Dios nos ampare. Mírelo, qué greñudo . . . Ay, estos muchachos de hoy en día. Ya no hay hijos buenos (pág. 53).

El barrio corre su suerte. Al sobreponer la obra de Morales en contexto con la actividad del barrio chicano en el este de Los Angeles, se ve que el mundo de la obra es verdaderamente un reflejo de ese mundo incambiable, aparentemente pesimista y sin indicios de mejoramiento. Pero no todo es pesimismo en la obra de Morales; Mateo siente en sus entrañas que hay otra vida y revela sus ilusiones al hablar con su compadre acerca del Dr. Nagol, un anglosajón que había ayudado a la gente del barrio:

> Por primera vez llegó un médico que no tenía miedo, que se estableció en el pueblo y no se rajó de los del otro lado. El sabía de nuestros problemas, parecía entender las costumbres, y le gustaban también.

El llenaba ese abismo en que faltaba la fe en los políticos nuestros; en él había fe y amor. Pero aquel de la pistola loca lo mató. ¿Por qué, Compadrito? Por el miedo, Compadrito, por el miedo. Pero ahora más que nunca tienes que seguir los estudios; hacerte un hombre como el doctor Nagol y así ayudarás más que nada al filo de la estirpe. Las lágrimas empezaron a limpiarle las mejillas. Y como siempre te he dicho y como le dije al doctor Nagol, Compadrito; no temas la noche, porque la luz de un nuevo sol te brillará en la frente y con la espada rota, forjarás la espada del valiente. ¿Por qué miedo, Compadrito, por qué miedo? (pp. 94-95).

Este consejo del compadrito en tono melodramático y romántico le alienta a Mateo para seguir sus estudios y perseguir su ambición de romper con ese mundo y ponerse de ejemplo para que otros lo sigan. Mateo siente un amor sincero y profundo por el barrio y por la estirpe que se desintegra sin poder él remediarlo. Los despojos humanos que viven en el barrio, como Melón y el tío Tony, fueron una vez condecorados por valentía por el mismo gobierno que los tiene olvidados; ahora sólo esperan la muerte horrible que han escogido y que fatalmente les traerá el abuso del alcohol y las drogas. Pero así es su barrio: la mezcla de la degradación paulatina de una juventud sin ilusión y sin metas y los momentos felices con su propia raza que celosamente guarda sus tradiciones para seguir viviendo. Mateo lo comprende aunque no puede ni quiere ser parte de ello, y esta separación lo hunde en la soledad; pero ésta es la única forma de lograr su ambición, aventurar todo para una vida mejor:

> Esos cabrones tapados, con su lumbre, bebiendo, ¿qué piensan esos hombres? ¿por qué son así? Siempre viven místicos; a mí también me gusta el misticismo, pero no me gusta la cruda que cae después. Pero ellos siempre ven la realidad desbordada de su botella. Esos cabrones pistos, andan pedos por toda la pinche vida, no se preocupan de nada, sólo fingen las preocupaciones que se imaginan; qué vida, son más felices que yo (pág. 102).

Y Mateo logra escaparse. Intenta la vida de los de allá porque no quiere ni vivir ni morir como sus compañeros. Pero su ambición se torna irónica cuando Morales nos informa en el epílogo sobre la suerte de Mateo:

Mateo

En un hospital en el Este, Mateo murió de leucemia, joven y llorando en los brazos de una muchacha a la que llamaban la Tenista. Dejó a su mujer y a dos hijos (pág. 127).

Contratexto: Fuera de las fronteras

El hecho de que *Caras viejas y vino nuevo* haya sido publicada en México por una prestigiosa editorial nos permite algunas consideraciones distintas a las que hicimos con respecto a las obras de Rivera y Méndez. Por primera vez podemos comparar las reacciones de los críticos mexicanos con los críticos chicanos, a pesar de que ha habido muy pocos comentarios por ambos lados. Esta escasez de crítica no ha sido por falta de interés sino porque la obra (su contenido y forma de expresión) ha sido difícil de asimilar.

Como explicó Morales al principio de la obra, él tuvo que acudir a México para poder publicar su obra en español. Pero nos dice que no esperaba tal forma de reacción contra el lenguaje del libro, puesto que había empleado su propio idioma—la forma natural de expresión con la cual millones de chicanos se comunican entre sí. La destrucción y regeneración del lenguaje siempre ha sido una forma de rebelión literaria contra modelos y formas gastadas que han sido impuestos por los guardianes de la estética literaria. Y como siempre ha ocurrido, el que desvía de estos modelos es atacado por los que toman solamente el lenguaje como base y no la relación total del contenido, estructura y lenguaje. La decisión de Morales de escribir su obra en "español chicano" fue motivada por la necesidad de relacionar todos los elementos componentes del mundo que describe en la novela; el lenguaje es uno de ellos. El mundo chicano es variado, contradictorio, desunido y apenas en surgimiento. *Caras viejas* es simplemente una perspectiva de esa realidad.

El libro ha desconcertado a ciertos críticos que se han metido a la tarea de su interpretación y estudio con las herramientas tradicionales y paradigmas convencionales. Mucho se ha hablado de crear nuevos tipos de metodología para analizar la literatura chicana, pero hasta la fecha no se ha conseguido un método aceptable que produzca el resultado buscado. Los métodos son simplemente los medios hacia una conclusión; pero la conclusión siempre dependerá del condicionamiento literario mentalmente acorralado o libre del estudioso. La lectura y evaluación de obras como ésta no es empresa fácil debido a la posibilidad de no encontrar comparación con la tradición literaria establecida. En este contexto consideramos *Caras viejas* la obra más chicana dentro de la novelística chicana contemporánea, y esto es uno de los factores desconcertantes del libro. El mundo chicano, el lenguaje y la desviación de modelos literarios sitúan esta obra como primer producto de un estilo diferente que posiblemente defina en el futuro las características de la novela chicana. Por "mundo chicano" nos referimos a un fragmento determinado dentro del cosmos chicano que de ninguna manera es representativo de su totalidad. La "desviación" de normas estilísticas literarias es producto de una consciente desorganización caótica para recrear la realidad integrada por esa misma estructura aparente—o sea, la fusión de la realidad física del ambiente con la realidad mental del protagonista que deja sus ojos y recuerdos deambular por el barrio por medio de estímulos que sólo él puede explicar. El lector, en este caso, depende totalmente de los caprichos del narrador.

La crítica de esta primera obra de Morales es diversa. Las reacciones son mixtas y ambivalentes y parece que los críticos no quieren comprometerse a expresar una opinión determinada, ya sea por encontrarse desconcertados ante un mundo ajeno y desconocido o por no encontrar otros modelos comparables. Los críticos mexicanos se concentran en lo más obvio: el lenguaje; los chicanos enfocan la estructura y la recreación del mundo conocido por ellos. Un crítico mexicano, Evodio Escalante, escribe estas observaciones sobre la obra:

> En efecto, el libro de Morales es otra cosa, y su lectura no puede hacerse, por ejemplo, con el criterio con que se lee una novela de Yáñez, Revueltas, o incluso José Agustín. Un solo hecho basta para colocarlo en otro espacio de lectura: su característica de libro chicano. Es cierto que ha sido escrito en español, o en algo que parece español—de otro modo el editor no diría, con gran desinformación, que se trata probablemente de la primera novela chicana escrita en esta lengua.[23]

Otro crítico que escribe en *Excélsior* recalca sobre el lenguaje de la obra:

> Decía que esta obra tiene errores, sin embargo, se advierte que el autor es un buen novelista y las fallas surgen del desconocimiento del español. Incapaces de manejar el inglés, los chicanos han intentado reconstruirse un idioma que no siente suyo . . . si se tratara de un mexicano o centroamericano, se le calificaría de pornócrata, de asqueroso.[24]

Este artículo ha dejado (se espera que inconscientemente) al chicano sin lenguaje, incapaz de manejar el inglés y de reconstruirse un idioma propio. ¿Cuál es, entonces, el lenguaje de los chicanos? La ignorancia de las diferentes variantes del idioma español que se han implantado como lenguas nacionales—por ejemplo, el boricua de Puerto Rico—impide al crítico darle realidad al lenguaje. Lo descarta después al decir que "está escrita en inglés con palabras castellanas". Estos críticos se muestran condescendientes con sus "casi compatriotas", ya que Escalante dice: "... sin embargo, nada más equivocado en este caso que pretender aplicar, a un texto original en más de un sentido, el fórceps de una ya de por sí caduca escolástica literaria."[25]

En la crítica chicana se encuentran opiniones favorables, si bien justifican el lenguaje como imprescindible al carácter de la obra. El "español" de la obra y su estructura son comentados por Lomelí y Urioste de esta manera:

> *Totally written in Spanish*, mixes different variations of barrio talk with *castizo* Spanish . . . Utilizes contemporary experimental techniques: a persistent superimposition of events where there is no separation of dialogue from narrative, a free association of ideas, a series of flashbacks, interior monologues and shared narration by first person and omniscient narrators . . . Represents another valuable step in the experimentation with novelistic techniques.[26]

Marvin A. Lewis la resume de la siguiente manera: "As a work of art the novel has much to offer in terms of interpreting aspects of Chicano reality.[27] Ricardo F. Benavides la elogia:

> *Caras viejas y vino nuevo* is the author's first novel. The fact that it is a novice work does not keep it from being, nevertheless, mature, worthwhile and authentic. It can be placed, without qualifications, among the significant books of the Latin American *nueva narrativa*.[28]

Conclusión

Esta obra de Morales es probablemente la menos conocida y leída dentro de los cursos de literatura chicana por varias razones. Primeramente, como se ha dicho, no es de fácil comprensión por los estudiantes no acostumbrados al español y a las obras experimentales que rompen con los modelos literarios tradicionales. En segundo lugar, lo crudo del lenguaje, desprovisto de eufemismo literario, excusa a ciertos instructores de incluirla; así cubren su ineptitud para abordar temas que los comprometan en contra de la moral social. Estas observaciones han sido confirmadas en nuestras relaciones con estudiantes y colegas durante varios años de dar cursos de literatura chicana.

Sin embargo, una obra como ésta, producida y creada sin atenerse a modelos literarios o escolásticos, nos muestra una interesante imagen que pronostica una nueva vitalidad, no sólo en la narrativa chicana sino también dentro de la corriente literaria hispanoamericana. Al continuarse escribiendo este tipo de obras, los estudiosos de la novelística chicana ya no podrán ser intimidados por obras experimentales de esta índole, cuyos méritos solamente pueden apreciarse por medio de enfoques y metodologías distintas que den impulso a la necesitada difusión de esta naciente literatura. Hasta la fecha, no se ha instigado polémica alguna sobre esta clase de obras, que bien pueden ser el comienzo de un nuevo tipo de narrativa que implante un sello de nacionalidad a la literatura chicana.

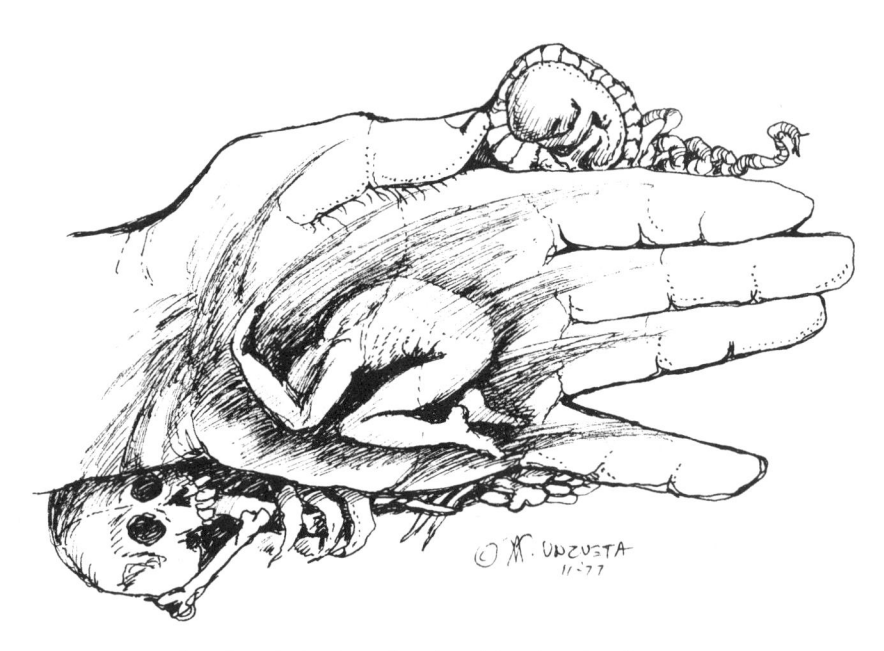

"... imagínate cien años de existencia antes de nacer,
buscando dónde pegar mis raíces."
—*Aristeo Brito*

Capítulo IV

ARISTEO BRITO Y EL COMPROMISO A LA HISTORIA

El diablo en Texas

Un pueblo en vilo

Un pueblito dividido y olvidado que se llama Presidio-Ojinaga; la gente tremendamente oprimida por fuerzas divinas, humanas y naturales; un diablo que se ríe y se burla de ellos. Toda esta circunstancia suspendida en el tiempo y en una realidad aislada e incomprensible para el resto del mundo. ¿Realidad o fantasía? La realidad es histórica; la fantasía fue el único modo de describirla.[1] *El diablo en Texas*[2] es la crónica que documenta la existencia increíble de Presidio-Ojinaga; su autor, Aristeo Brito, cuenta su historia verdadera, pero valiéndose de elementos fantásticos. La intención de Brito era documentar una historia que no se podía escribir por medio de los métodos tradicionales y objetivos de la historiografía, puesto que se presenta como si fuera pura ficción; ni tampoco se podía escribir solamente con las técnicas de la ficción literaria porque se perdería el propósito primordial: la realidad histórica.

Si Brito hubiera querido escribir una historia documentada de ese pueblo, ¿cuál sería el provecho? ¿Qué importancia tendría? Si es cierto lo que Jacob Burckhardt dice, que "la historia es el documento de lo que una era encuentra de provecho en otra",[3] entonces ¿qué provecho encontraríamos en este documento? Nosotros diríamos: el documento de un fracaso humano. Cierto es que la historia está llena de documentos sobre los grandes acontecimientos humanos que forjaron la circunstancia actual del hombre; pero muy pocas veces documenta sus fracasos. Estos no se documentan porque no se consideran como aportación a la evolución del hombre dentro de su circunstancia actual.[4] Con esto queremos decir que el hombre crea en su historia la imagen que le conviene tener de sí en un momento dado. Las naciones del mundo son como las familias que al contar su historia a sus hijos relatan únicamente los grandes eventos; suprimen los sucesos vergonzosos que pueden denigrar y manchar la imagen de grandeza ante sus hijos, hasta que uno de ellos descubre los secretos y pide explicación o justificación. Aristeo Brito nos expone uno de estos fracasos, exigiéndonos, por lo menos, que nos enteremos de él y le demos valor y justificación como parte auténtica e íntegra de nuestra historia. Brito denuncia la historia como "puta mentirosa"[5] porque se vende con sus mentiras a los intereses socioeconómicos de los poderosos que siguen encubriendo la verdad al pueblo como arma de opresión e ignorancia.

Además de esta denuncia de la historia, Brito ha dejado una documentación histórica de Presidio-Ojinaga al tomar elementos de otras disciplinas que ayuden a estructurar un panorama de la auténtica circunstancia y experiencia del pueblo biografiado. Estos recursos interdisciplinarios cobran interés literario al reforzar los lazos que anteriormente se consideraban sospechosos por la ortodoxa separación entre la ciencia y el humanismo. La literatura contemporánea se está ligando estrechamente a la sociología, la economía y la política sin poder prescindir ya de la valiosa cooperación de la historia. La interrelación de todos estos aspectos de la circunstancia total del hombre se hace cada vez más obvia al tratar de describir la situación humana por cualquier enfoque, pese a la obstinación positivista que todavía perdura. Las metas de la literatura y la historia, antes inseparables, se bifurcaron al infundir un carácter estrictamente científico a la historia; sin embargo, están llegando ahora a una reconciliación al notarse claramente la influencia que una ejerce sobre la otra.[6] La ficción en sí emana de una realidad que al pasar por la subjetividad del autor se convierte en ficción. La historia es ficción y realidad al mismo tiempo: realidad en el hecho y ficción en el relato. La literatura es realidad en la historia y ficción en su manejo o enfoque. La realidad histórica es el lenguaje y los valores conscientes o subconscientes del escritor que saturan la obra por dentro y por fuera. El científico Werner Heisenberg afirma que:

> The two processes, that of science and that of art, are not very different. Both science and art form in the course of the centuries a human language by which we can speak about the remote parts of reality, and the coherent sets of concepts as well as different styles of art are different words or groups of words in this language.[7]

Esto se puede interpretar así: la ciencia y el arte comunican lo que entienden por medio de la expresión lingüística metafórica. Y es así que Brito, por medio de la metáfora, nos documenta y nos comunica (ciencia y arte literario) la sociología, la historia y la sicología que componen el mundo de Presidio-Ojinaga. El autor-historiador ha recurrido a todos los aspectos de las ciencias sociales y del arte para biografiar lo complejo de la realidad humana, estudiándola y describiéndola por medio de diferentes perspectivas para presentárnosla en su totalidad. La situación socioeconómica de Presidio-Ojinaga es producto de su historia, pero para comprender esa situación hay que conocer la historia que no existía antes de ser escrita. Los diferentes elementos de las ciencias sociales de las cuales Brito se valió para su relato son: la documentación histórica de los eventos de Presidio archivada en el juzgado; entrevistas con su familia y otras gentes de edad del pueblo para verificar las historias populares acerca de Presidio-Ojinaga; su propia experiencia en ese mundo del cual no salió hasta que tenía veinte años.[8] Largo tiempo le tomó a Brito la gestación de su obra, que había estado en germinación desde "que me puse a pensar en escribir cuando naciera" (*El diablo*, pág. 82). Pero al nacer cargado de siglos de historia, ¿cómo iba a contar todo lo que oyó y sintió desde que era una semilla y después feto en el vientre de su madre? Esa historia es fantástica. Brito decidió contarla tal como la oyó y la experimentó.

Pretexto: Una historia increíble

Aristeo Brito es uno de los pocos habitantes de Presidio que un día se dio cuenta de la tremenda condición de su pueblo. Tremenda no sólo por las diferentes fuerzas que lo tenían oprimido sino porque también era increíble que nadie se diera cuenta de ello; por eso la opresión se había establecido en el pueblo con naturalidad y como "modus vivendi". Este era el mundo que conoció y aceptó Brito: un mundo sin fuerzas, adormecido por la opresión, cuyo espacio se había petrificado sin evolucionar y cuyo tiempo se había suspendido en la misma historia. Pero ciertos eventos ocurridos antes de que Brito naciera cobraron significado al repetirse en eventos similares en otro tiempo-espacio. El impacto que esta realidad produjo en Brito fue una toma de conciencia sobre la verdadera condición en que se encontraba el mundo de Presidio.
En Presidio todo el mundo trabaja en "la labor", esto es, en el

campo, ya sea cortando algodón, verduras o frutas. Este fue el trabajo de Brito y de toda su familia desde que él nació en 1942 hasta que pudo fugarse de esa situación agobiante. Su vida en Presidio fue igual a la de los demás habitantes del pueblo; su existencia giraba alrededor de las labores del campo y de la interacción social rutinaria que solamente se rompía al ir a visitar a parientes al otro lado del río en Ojinaga. Presidio-Ojinaga había sido una sola entidad de carácter y ambiente mexicano hasta que el gobierno estadounidense construyó el puente que los vino a separar política y socialmente. Esa ruptura causó un profundo trauma en los habitantes de dos pueblos, porque desde entonces se vieron obligados a llevar documentos de identificación para poder continuar una tarea que antes había sido natural y sin dificultad. El puente no sólo había dividido a la población entre mexicanos y americanos sino que también había quitado trabajo a los lancheros que antes pasaban a la gente de un lado al otro. La profesión de lanchero era de importancia para el pueblo que lo consideraba como el eslabón y el medio de tránsito que los unía en una sola entidad, mientras que el puente, a pesar de su función unificante, simbolizaba la separación innecesaria.

Brito nació heredero de un ambiente desconfiado, lleno de rencor y fatalismo. Si el hombre con su política había creado una situación económica de pobreza en Presidio, la naturaleza no se había quedado atrás. Según las estadísticas meteorológicas del estado de Texas, Presidio es uno de los lugares más calientes de la unión americana, marcando por semanas enteras una temperatura de más de 120 grados Farenheit. Brito lo recuerda como un verdadero infierno donde el calor influye en la apatía del pueblo y en el temprano envejecimiento de sus habitantes. El calor, la pobreza y el desamparo parecían unirse en un tremendo complot en contra de Presidio. Los jóvenes del pueblo huían a la más leve oportunidad, para jamás volver, dejando en el pueblo gente marchita, sin fuerzas y sin aliento para mejorar su situación. Según Brito, "el pueblo se encontraba casi completamente aislado de los eventos del resto del estado y sin comunicación alguna con los demás mexicoamericanos del país."[9] La única oportunidad de escape para los jóvenes era el constante reclutamiento del ejército de los Estados Unidos después de la Segunda Guerra Mundial, y Brito, a pesar de lo ocurrido a su padre, trató de alistarse.

Durante la Segunda Guerra Mundial el padre de Brito había sido miembro del Civilian Conservation Corps de Presidio, ocupándose de la tarea de continuar la producción de la fuerza laboral para contribuir a la defensa del país. Su padre veía este esfuerzo como una oportunidad de mejorar la vida de Presidio y de ayudar económicamente al pueblo por medio de los programas de la Secretaría de Defensa. Este hombre creía que la lucha contra la pobreza había empezado en Presidio. Esa era la clase de guerra que quería él pelear y no en tierras extranjeras, de las cuales él no sabía nada. A pesar de lo provechoso de la labor que hacía, lo mandaron incorporarse al ejército, pero él se negó a ir por las razones ya mencionadas. El gobierno americano lo consideró desertor y lo condenó a cuatro años de prisión. La familia quedó abandonada y se fue a Ojinaga, en donde nació Brito. No conoció a su padre hasta que tuvo seis años. Su madre imploraba y litigaba constantemente para que el gobierno le hiciera justicia y le devolviera a su familia la única persona que ganaba el sustento. Brito se acuerda de que por aquel tiempo andaba vestido de Santo Niño, con el pelo largo y una túnica blanca hasta los pies, a causa de una manda que su madre había hecho y que incluía escalar la Sierrita de la Santa Cruz, que aparece en la obra. Brito nunca supo por qué andaba vestido de ese modo, hasta que salió su padre de la prisión, amargado y desilusionado.

A pesar de lo ocurrido a su padre, el ejército todavía representaba una salida para Brito, quien trató de alistarse. Se presentó al centro de reclutamiento y pasó el examen físico, pero no el examen de capacidad mental. El hecho de ser clasificado por el ejército de los Estados Unidos como retrasado mental fue un golpe para Brito. Sin embargo, este golpe imprevisto fue el motivo poderoso que influyó en él para educarse y capacitarse en las dos culturas a las que pertenecía. Se dio cuenta por primera vez que su cultura lo separaba y lo clasificaba dentro de la sociedad a la que él creía pertenecer. Brito vio la realidad de su verdadera situación y proponiendo superarla, se graduó de la secundaria a la cabeza de su clase, consiguiendo becas para seguir sus estudios fuera de Presidio. Con este impulso, el joven Brito salió para Sul Ross State College a proseguir la educación que necesitaba. Sus padres lo alentaron y lo ayudaron como pudieron porque vieron en su decisión la oportunidad que ellos nunca tuvieron. Fuera de Presidio, el mundo se le descubrió; poco a poco se enteraba de las instituciones de que el hombre se vale para oprimir a todo un pueblo. Brito decidió no volver a Presidio hasta que pudiera contribuir en alguna forma a su liberación económica y social.

El movimiento chicano empezaba entonces y Brito se alistó en sus filas, acatándose de las grandes oportunidades que preveía para mejorar la situación del pueblo chicano. La verdad de su condición tenía que ser contada por experiencia propia y pronto empezaron a salir ensayos y poemas cargados de esa historia latente pero ignorada. Su dedicación a los estudios y a su ambición literaria lo impulsó a comprometerse totalmente mientras estudiaba en Sul Ross State College. Su nombre llegó a figurar, por su dedicación a la causa y a las letras, en el volumen anual de *Who's Who in American Universities and Colleges*. El amor por su cultura y por la lengua española lo alentó a seguir sus estudios de maestría en la Universidad de Arizona; consiguió su licenciatura en literatura hispanoamericana en 1967. Sus poemas ya se publicaban en periódicos y folletos del movimiento mientras que en sus ratos libres trabajaba en varios comités de la comunidad tratando de abrir fronteras para el pueblo.

A pesar de los numerosos compromisos políticos y educativos que llenaban su vida universitaria, Presidio seguía atormentándolo. No podía olvidarse de él ni de su historia, y esto lo impulsó a regresar a su pueblo en 1970. Lo que encontró fue asombroso; nada había cambiado en más de diez años. Parecía como si el mundo exterior no existiera fuera de Presidio; se habían oído rumores del movimiento, eso era todo. Las casas eran tan viejas como sus habitantes: tumbas en que los enterrados seguían existiendo sin cambio alguno. Brito se sintió trasladado a un pasado sin presente ni esperanza de futuro. Al ver a su padre con las arrugas hechas por el tiempo, afianzó el compromiso que tenía con su pueblo. El compromiso anterior había adquirido dimensiones no sospechadas—ahora tenía que contar una historia estática en donde siempre ocurría lo mismo; tenía que describir un espacio incambiable y un tiempo permanente, mítico. Brito en esos años estaba por empezar su tesis, con la cual culminarían sus estudio de doctorado en literatura hispanoamericana. Pero la historia de su pueblo apremiaba; éste podría desaparecer de su propia inercia sin dejar huella alguna que documentara su existencia o la vida de sus habitantes. Era historia dentro de la cual él figuraba como uno de los protagonistas.

Brito emprendió de pronto la tarea de investigar los archivos en el juzgado, de recopilar historias y cuentos de la gente que tenía recuerdos y de buscar en los periódicos algunas fechas o indicios de eventos o sucesos que habían acaecido en Presidio. Pero los cuentos e historias que oía de la gente le parecían más mito y leyenda que realidad; éstos eran contados casi ritualmente en una forma que le parecía fantástica. Poco a poco la historia fue cobrando forma. No era una historia de hechos ni de grandes acontecimientos; semejaba una historia mental, sicológica, como si solamente hubiera pasado en la mente de los pobladores. Lo que unos le contaban que había sucedido hace cien años, otros le contaban que había ocurrido hace ochenta, hace cincuenta, hace veinte. El mismo recordaba lo poco que había ocurrido cuando estuvo en Presidio; nada había cambiado y todo seguía lo mismo. Pero la historia externa, la que trata los hechos y no los motivos, no le interesaba puesto que no describía ese mundo. La historia interna, la que impulsa a hacer algo o nada y la razón de ello—la "intra-historia" como la llamaba Unamuno, de la cual muy pocos se ocupan por la falta de documentación científica— era su meta. Pero se dio cuenta de que dentro de los mitos, dentro de las leyendas e historias populares, se encontraba la verdadera historia que buscaba. Los historiadores modernos actualmente van reconociendo esta clase de recursos más como sentido y comprensión de los hechos y sucesos que como simples eventos sin relación a la condición mental humana. H. Stuart Hughes comenta en su capítulo "What the Historian Thinks He Knows":

> Indeed, the very deformations of these basic evidences could serve the cause of truth. A legend may be patently absurd, a popular credence in flagrant contradiction with the data of science, but the character and direction of such distortions can often tell us more about the emotional assumptions of a given society—about its collective expectations and strivings—than any amount of direct descriptions.[10]

Para actualizar su compromiso, Brito ya estaba prevenido de las dificultades con las cuales se encontraría. En primer lugar, no quería escribir una crónica inerme sin sentido y comprensión, puesto que los datos encontrados en los archivos estaban desprovistos del sentido total del mundo de Presidio en que vivía. Aparte de eso, el carácter fantástico con el cual los viejos del pueblo le contaban las historias tenía importancia porque en la mentalidad condicionada del pueblo lo real se comprendía por medio de símbolos. De esa manera tenía que explicar la realidad para que se entendiera en términos relativos de dualidad y comparación que tendrían sentido dentro del marco del mundo historiografiado. El diablo, la muerte, la providencia, la codicia humana estaban todos relacionados, y el uno no hacía nada sin la complicidad del otro. Para esto Brito ya había estudiado a los maestros hispanoamericanos—Azuela, García Márquez, Rulfo y Asturias— y había aprendido de ellos el arte de la novela y de la expresión, pero el mundo novelado de Asturias era el que más se semejaba al de Presidio. ¿Surrealismo, impresionismo, fantasía? ¿Cuál sería el medio más apropiado para describir su propio mundo? Apoyado en los modelos literarios, Brito se puso a experimentar para encontrar la forma adecuada para darle expresión a su mundo.

Brito regresaba ahora más a menudo al mundo de Presidio para estudiarlo. Debía de sondear y comprender todo para contarlo en una forma que tuviera sentido para los mismos habitantes, cuyos ojos y mentes tenían que abrirse para comprender lo tremendo de su propia historia. Solamente así, estaba convencido Brito, se podía sacudir al pueblo de la inercia y apatía que contribuía a la opresión de su mente y de su vida. Tenía que darse cuenta de la explotación de su propia clase socioeconómica y de los motivos discriminatorios a su nacionalidad por parte de la superestructura establecida. La historia social y económica es más importante que los simples hechos provocados por fuerzas ajenas que no aportan cambio o desarrollo alguno al pueblo. Esta manera de historiografiar tiene importancia, pues así que se van comprendiendo los cambios socioeconómicos de un pueblo o clase social, la situación opresiva y los elementos económicos que mantienen al opresor y al oprimido cobran sentido y sirven para trazar los cambios necesarios en la estructura social de la clase subdesarrollada. De los historiadores sociales dice Hughes:

> The social historians are incorporating into their thought the whole stream of speculation on class and status, and on the relation of economic activities to the cultural "superstructure," that descends from Karl Marx and Max Weber.[11]

Brito no veía su compromiso como elemento de salvación para su pueblo porque estaba seguro de que la misma gente a quien dirigía esta historia no le iba a creer al principio. Esta gente ya estaba cansada de que "fuereños" vinieran a investigarlos y luego decirles lo interesante y raro que era su comportamiento y forma de pensar. A pesar del estudio que hacían de ellos, nunca los habían ayudado. Les parecía que las investigaciones sólo servían para seguirlos dominando. Pero Brito tenía una ventaja; él era parte de ese pueblo y uno de los pocos que entendía la situación interna y externa. Ahora él pensaba escribir esa historia para el pueblo en su propio lenguaje o forma de expresión para que fuera mejor comprendida. Al salir de Presidio, Brito se dio cuenta de que su forma de hablar español era diferente y no muy aceptada por los académicos o gente educada, pero al mismo tiempo el idioma denominado "español estándar" no podía ser el vehículo de comunicación de su obra, puesto que el pueblo no lo entendería. Ahora que había aprendido el español estándar podía comunicarse con otros grupos de habla española y había amplificado su radio de comunicación. Sin embargo, él veía que el único modo auténtico de biografiar a Presidio-Ojinaga era en su propio idioma, el cual no había olvidado: medio inglés y medio español, el habla de los pachucos que él usaba cuando era adolescente y, más que otro, el habla regional y coloquial de la mayoría del pueblo con todos sus arcaísmos, solecismos y giros peculiares a la experiencia del mundo que los rodeaba. La obra se escribiría empleando todos estos niveles lingüísticos para poder captar la realidad por medio de la expresión auténtica.

Brito se percató entonces de que tal vez la obra no sería entendida fuera de esa región a la cual iba destinada. De todos modos, su obligación al compromiso era el de rasgar el velo de la ignorancia para que el pueblo pudiera verse, y él no podía desviarse de esa meta original. También se preguntaba si sería posible imprimir una obra con estas características en los Estados Unidos. Ya para entonces (1974) se habían publicado varias novelas chicanas en inglés y conocía los problemas que Miguel Méndez había tenido para publicar su primera novela en español, *Peregrinos de Aztlán*. Pero no le importaba; en todo caso, la publicaría él mismo. Volvió a Tucson con todos sus archivos, grabaciones, documentos periodísticos y echó mano a la obra. Los problemas se multiplicaban porque ese mundo de Presidio-Ojinaga desafiaba la descripción realista, puesto que había que incluir no sólo la historia sicológica sino también la social, y la mezcla resultaba incongrua. Pero Rulfo ya lo había hecho en otra forma y Brito quería experimentar. Siguiendo los pasos de Rulfo se valió del recurso literario que utiliza la mezcla de lo real y lo fantástico y empezó: "Yo vengo de un pueblito llamado Presidio. Allá en los más remotos confines de la tierra surge seco y baldío. *Cuando quiero contarles cómo realmente es, no puedo, porque me lo imagino como un vapor eterno*..." (Prólogo).

Texto: El diablo y el destino

El diablo en Texas, novela experimental de Aristeo Brito, fue publicada en Tucson, Arizona en el año de 1976 por la Editorial Peregrinos. Esta casa editorial fue fundada en 1974 por cuatro personas interesadas en la literatura de autores chicanos que se veían sin medios de publicación por estar algunas de sus obras escritas en español. Brito fue miembro fundador de esa editorial,[12] la cual le proporcionó los medios y la ayuda para publicar su obra.

La edición de *El diablo en Texas* salió con una tirada de dos mil ejemplares. El libro en sí es de poco espesor y no muy bien encuadernado.[13] Contiene cuatro ilustraciones de Frank S. Balderrama, las que se duplican al principio y al final de cada sección con excepción de la portada, que se duplica en la página titular al empezar el libro. En el interior de la cubierta hay una breve biografía del autor junto con su foto. La novela está escrita en español, con algunos pasajes bilingües o en inglés tejano, como lo llama el autor, pero sin traducir.

El diablo en Texas es la historia del diablo que controla el destino de Presidio y sus habitantes y en cuyas garras se encuentra atrapada la vida del autor. La obra nos descubre tres mundos superpuestos que tienen profundos lazos entre sí; ninguno se puede describir sin la relación de los otros porque perdería sentido al quedar aislado. Se puede decir que Brito al querer autobiografiarse se vio en la necesidad de historiografiar el mundo al que pertenecía; pero este mundo no tendría sentido sin comprender los símbolos y creencias que motivan el comportamiento de los habitantes de Presidio. Al relacionarse estos factores nos aportan tres diferentes perspectivas de los mundos comprendidos en una sola experiencia, cuyas partes son: (1) la autobiografía del autor documentada por su propia experiencia; (2) la documentación oral por medio de las narraciones que sitúan el mundo de Presidio en varios tiempos-espacios de su historia y (3) el diablo manipulador y generador del destino de la gente de Presidio. En otras palabras, la novela contiene autobiografía, historia física documentada e historia sicológica motivadora, relatadas con elementos de fantasía porque la realidad los requería. El autor se representa como participante desde los orígenes de la historia hasta que se convierte en feto en el vientre de su madre, donde sigue escuchando y sintiendo el proceso histórico, cuyos datos guarda en la memoria para al fin nacer cargado de ellos y listo para escribir. El pueblo de Presidio participa por medio de escenas narradas por los habitantes mismos, quienes describen su mundo y especulan sobre su increíble condición de oprimidos, sobre sus creencias y valores y sobre su estado de supervivencia vegetal. El diablo, siempre presente, trama y deshace todo intento generado por el pueblo para tomar conciencia o escaparse de esa condición.

Los personajes dentro de las narraciones son débilmente trazados y se delinean simplemente como participantes en el desfile de historias que forman el mundo de Presidio. Sin embargo, los personajes de la familia Lynch, que son los explotadores, y el personaje Francisco Uranga, defensor de los derechos del pueblo, son trazados con más fueza para representar la lucha entre el opresor y el oprimido. El resultado es un esfuerzo experimental que intenta presentarnos una realidad compleja y de difícil descripción en torno a la condición de Presidio y sus habitantes. En la mente de Brito se perfilan estos tres mundos con un aura de fantasía porque los ve a través de "un vapor eterno". Sobre Presidio dice:

> —siete letras taladradas en semana santa, presidio del tiempo prolongado, presidio suspendido en un vapor a las tres de la tarde, presidio la burla, presidio mal aventurado, presidio nacido viejo (pág. 98).

Sobre su vida:

> ... un Santo Niño que juega a las canicas de rodillas esperando al padre que regrese de prisión, espantapájaros desconocido, niño debajo de un columpio raptor del viento, niño que escucha suspiros en el agua, en el fortín tembloroso de aullidos de perros funerarios a pleno mediodía y en la noche el niño muere, la vieja llora... (Prólogo).

Sobre el diablo:

> De Presidio sólo el recuerdo de las nubes y el diablo. Flaco éste, gordotas aquellas ambos se resbalan por el cielo burlándose de la gente, de los animales, de las plantas... El sinvergüenza nunca se olvida del Pueblo. Con su mano firme aplasta los chaparros y la hierba mal crecida... Pero el patas de chivo no es todo maldad (pág. 69).

Sobre el pueblo:

> Allí cerca de Presidio donde llaman la Loma Pelona, se levanta el fortín como castillo perdido. Es un castillo de adobe sin puertas que usa el viento como pito de barro. No falta quien pase por allí alguna noche con pelos de puercoespín y diga: el castillo está espantado... Los incrédulos lo niegan diciendo que son mitotes pero lo cierto es que la historia se intuye. *Las leyendas de la gente son las páginas de un libro que se arrancaron y se echaron a la hoguera...* (pág. 36, subrayado nuestro).

La obra está dividida en tres secciones, con sendos títulos en las portadas divisorias. La primera sección se titula "Presidio 1883-"; la segunda, "Presidio 1942-"; y la última, "Presidio 1970-". La primera época representa el pasado de Presidio durante el cual empezó su actual condición; la segunda toma como punto de partida el año en que el padre de Brito fue encarcelado, que coincide con el año en que nació el narrador; y la tercera toma como fecha el año del retorno del autor a su pueblo. La primera parte incluye la autobiografía del narrador, continuada en las otras dos secciones. La cronología de esta parte es fragmentada en sus tiempos-espacios, cuya ordenación es preocupación del lector si éste quiere adherirse a una cronología ortodoxa que le ayude a la comprensión del tiempo representado en la obra. Sin embargo, la falta de esta cronología ortodoxa no es de importancia para el autor, ya que trata de hacernos participar en una situación en donde el tiempo no fluye y en cuya dimensión todo es estático con relación a nuestra idea temporal. El pasado es el presente sin ninguna transición y el presente se funde en un futuro predeterminado porque así ha sucedido siempre en Presidio. El tiempo de la obra está suspendido, en vilo; si uno trata de romperlo, se complica más. El crítico no debe tratar de ponerlo en orden, ya que el propósito de situar estas divisiones en diferentes épocas tiene una función estructural simbólica. Cada sección es independiente de las otras pero se les da unidad a través de lo incambiable del tono, que refleja la naturaleza estática de la vida.

En el prólogo, que consta de tres páginas escritas en bastardilla, se exponen los diferentes temas que serán desarrollados dentro de las diferentes épocas. El prólogo es una unidad que sintetiza los relatos comprendidos en la obra, incluyendo el tercer segmento presentado en forma de epílogo y también en bastardilla. El prólogo y el epílogo (Presidio 1970-) sirven de marco a las dos partes intermedias (Presidio 1883- y Presidio 1942-), formadas por medio de un mosaico de historias fragmentadas y estilizadas en descripciones, diálogos, monólogos interiores y narraciones intercaladas con elementos fantásticos y surrealistas. Para poder darle sentido a las partes, tenemos que relacionar de alguna manera todos estos elementos que forman la unidad total. Para empezar hay que tomar en cuenta que los diferentes relatos están contados por diferentes narradores, desde un feto sin nacer hasta voces de personas ya muertas. Los narradores a veces empiezan a narrar en primera persona para después fundirse en otro punto de vista que nos da otra perspectiva del mismo relato. Esto se explicará después, al estudiar a los narradores por separado. Los diferentes narradores y sus relatos forman parte de la estructura fundamental. Estas diferentes narraciones son las voces del pueblo: vivos, muertos y por nacer; además se encuentran los relatos individuales sobre el diablo que, al parecer, se intercalan como refuerzo del sentido comprendido en la obra. Estas historias surrealistas y fantásticas sobre el diablo son necesarias porque al ir leyendo la obra, nos damos cuenta que el diablo se encuentra activo y presente a través de las narraciones. Es el personaje en pleno control de la situación, como si fuera el director de escena que manipula los hilos de los demás personajes.

Para comprender la función de los elementos estructurales de la obra, tenemos que identificarlos primero y después relacionarlos entre sí y con la unidad total. Definiendo la estructura en un sentido amplio, se puede decir que "es la suma de las relaciones que estos elementos tienen entre ellos y éstos con la totalidad de la obra literaria."[14] Los elementos estructurales empleados en *El diablo* son el tiempo, las narraciones fragmentadas y el sentido/simbolismo de la obra. Marvin Lewis nos dice que "generalmente se acepta que la técnica y la forma son casi inseparables del tema y de la visión del mundo."[15] Si aceptamos y comprendemos esto, nos damos cuenta que le fue necesario a Brito emplear esta técnica para poder darle forma a un mundo complicado dentro del cual la fantasía y la realidad se mezclan. El elemento del tiempo es de importancia en la obra porque es el factor clasificador de las partes del libro. A pesar de su función cronológica y temporal, el tiempo dentro de las tres divisiones es el mismo y transcurre sin cambio perceptible en la condición de los habitantes de Presidio. Solamente las voces de los personajes cambian; el tiempo que "lo sana todo" no ha servido de remedio. Al principio de los relatos se establece la función del tiempo cuando el diablo escudriña sus dominios: "Nada ha cambiado", piensa, "desde que vinieron los frailes siguiendo el río hace muchos años . . . Pero sólo el tiempo es permanente. De esa iglesia y esa misión ¿qué ha quedado? Nada" (pág. 2). En el último relato, el tiempo se define así: ". . . después nos levantaríamos temprano por la mañana como si fuera algo nuevo en el tiempo. Como si el tiempo tuviera límites. Qué pendejadas. La vida sólo se mide a base de esfuerzo y de acción" (pág. 97).

Las narraciones sobre el diablo y la intromisión de las voces de los muertos y del feto parlante transforman y desequilibran la relación entre el tiempo y el espacio puesto que estas narraciones involucran el sentido de otro tiempo y otro espacio que no concuerda con la realidad de los relatos en que aparecen. Eso ocurre, por ejemplo, cuando el feto le habla al muchacho que está cuidando a Marcela, madre del feto: "Ah, cómo quisiera platicar contigo Chonito. Darte las gracias por todo lo que has hecho. Hacerte comprender por qué mi mamá está así. Es que trae cien años de historia indignada en la panza" (pág. 79). En este pasaje se percibe que el espacio desde donde habla el feto es el vientre de su madre, pero el tiempo en ese espacio es místico, como se aprecia en la siguiente declaración:

> . . . apenas me doy cuenta que yo me extiendo como un hilito muy fino hasta muy atrás, desde antes que tú nacieras. Piénsalo, madre. Recuerda que desde tu niñez yo te llevaba en tus venas. Acuérdate

también que tú sólo me diste tu vientre para que allí creciera pero que mucho antes, ya venía semilla volando brincando de vientre en vientre. Imagínate cien años de existencia antes de nacer, buscando donde pegar mis raíces. Pero ya descansa mamá, que la noche ha sido larga (pág. 83).

También las voces de los muertos atrapadas en el fortín usan este recurso de la mitificación del tiempo al permanecer en la misma condición temporal al instante de su muerte.

En la obra se encuentran varios narradores y varios puntos de vista; esto se debe a que la forma estructural obedece a la participación no sólo del autor sino también de los habitantes de Presidio al ser contadas sus historias. Además de estas narraciones, se encuentran las otras voces que narran desde una perspectiva fantástica, tales como el feto, las voces de las ánimas del fortín y los relatos sobre el diablo. La interpolación de estos elementos en la estructura proyecta la historia hacia una dimensión fantástica que tiene el propósito de complementar y de explicar el sentido de lo narrado por los demás. El sutil manejo del cambio de un punto de vista a otro es logrado por medio de una transición gradual, hasta que el lector se da cuenta de que la narración ha cambiado ya sea de tema o de descripción en tercera persona a un estado de monólogo interior. Este método es empleado como vehículo para conducir al lector por diferentes estados de conciencia: internos y externos, físicos y síquicos, reales y fantásticos. Para ilustrar esta técnica citaremos una parte de la narración sobre Marcela, la madre del feto, cuando ésta se encontraba en la iglesia:

> Ahora se ponen de pie, menos Marcela. Se queda sentada un ratito más porque en estos momentos sus piernas son de hule y porque ya no se puede mover como antes. Ya se cansa mucho. Se le hinchan los pies. Su vientre de río crecido la hace sentirse muy incómoda, ahora más que de costumbre porque "ya hace bastante rato que le doy lata. Eso digo yo porque ni siquiera hace el esfuerzo de pararse" (pág. 75).

Las narraciones que forman las dos secciones intermedias de la obra están escritas empleando la forma de expresión individual del narrador para autenticar la realidad por medio del lenguaje. De esta manera los relatos se encuentran narrados en una diversidad de estilos lingüísticos: regionalismos, inglés tejano, español tejano y el habla de los pachucos durante los cincuenta; inclusive se encuentra el idioma tarasco en la letra de una canción y en un poema recitado por una de las voces de los muertos del fortín (pág. 40). El pueblo mexicano de Presidio se expresa en español, que incluye palabras en inglés o españolizadas; los anglotejanos usan el inglés tejano y los jóvenes pachucos emplean su propia jerga. El español estándar se nota en la expresión de Francisco Uranga, que es abogado y persona educada. El autor también emplea varios niveles de expresión que van desde lo poético y sensible hasta las expresiones vulgares con las cuales el pueblo expresa sus sentimientos. Esta multiplicidad de expresiones lingüísticas fue una de las preocupaciones de Brito, pues estaba seguro de que solamente por medio del lenguaje común y popular de Texas—y más importante, el de Presidio—podría él describir auténticamente el mundo chicano. Al escoger Brito al pueblo chicano como público lector, el medio de expresión de la obra tenía que ser el lenguaje del pueblo que, dentro de la variedad lingüística chicana, expresa y entiende todas las modalidades producidas por el contacto del inglés y el español. Sin embargo, su completa comprensión por el lector no bilingüe, y más si éste no está iniciado en la jerga metafórica de los pachucos, se dificulta. En todo caso, la incomprensión de la obra a causa del lenguaje en que está escrita no fue preocupación del autor; al contrario, uno de los méritos de la novela radica exactamente en esta novedad.

Para ilustrar los diferentes niveles lingüísticos, daremos un ejemplo de cada estilo. Expresión poética:

> Hay cosas que se repiten como sueños y mi padre, como tantos hombres, necesita de ellos para tolerar la vida. Esta mañana se ha despertado soñando con sonrisas (pág. 66).

Español estándar:

> "¿Es cierto que el mexicano sufre, más que en otro estado, la discriminación en los empleos y establecimientos públicos? ¿Es cierto de la masacre de Presidio? hago esta pregunta porque tal y tal corrobora que . . ." (pág. 23).

Español chicano (tejano):

> —No, pos sí. De eso no hay duda. Yo le ayudé a hacerlos, pero esa vez me dijo quesque iba a hacerlos pa' guardar pacas de alfalfa, pero como no se dio . . . (pág. 32).

Inglés tejano:

> Yes siree, Old Ben came to this part of the country from his dad's in Alabama. Guess he got tired of driving them dark folks over there and so headed for San Antone. Ben was still young then and I guess them wild hairs of his stood up when he heard 'bout the trouble with Mexicans . . . (pág. 44).

Jerga del pachuco:

—Orale ésos, ya oyeron al jefe, ¿qué nel? Así que nada de perra. Aviéntense o si no, los reporto.
—Uuuu, que zura el bato, vamos a empelotarlo pa que no se madereye el güey (pág. 59).

Jerga del pueblo:

—Pues entonces vaya usté al cabrón, compadre. Ya no me pida que le cuente nada, y si quiere saber algo, vaya a otra parte. Conmigo no cuenta y se acabó. Yo ya me voy.
—Espere compa, no se vaya tan enchilado. Usté no sabe discutir como la gente educada. Luego luego se enchila.
—Vaya usté a la chingada, compadre... (pág. 63).

Expresiones indígenas:

"Ay, ay, ay, ay, tlazita mutzi caraquia, itzle cuicho, itzla cochitl, aim pero ro quimooo... tzama quetzara y tanto como es salerosa y atzampelia..." (pág. 40).

Comentario sobre la lengua (intromisión del autor):

(las lenguas se confunden, se mutilan como pedazos del alma)... (te barrenan otras con la punta de un lápiz y luego le dan vuelta para borrarte la tuya tan fácil como si el alma estuviera en el papel. Luego la lengua se alarga como cuerda en tu cuerpo haciéndote bola como le sucedió al gato.) (pág. 40).

Estos breves trozos nos muestran el tapiz lingüístico con que se narran los diferentes relatos, dándoles de esta manera su propia característica individual y auténtica. Este método interno que forma parte de la estructura de las narraciones fragmentadas es usado por Brito con acierto, situándolo al nivel expresivo de Rivera, Méndez e Hinojosa.[16]

Para darle ahora sentido a este mundo de las múltiples narraciones del pueblo, es preciso analizar los símbolos presentados como imágenes a través de los relatos. Los símbolos predominantes que sobresalen como imágenes centrales y que son importantes para relacionar las partes de la obra son varios y tienen diferentes funciones. Por ejemplo, los símbolos cuya función es aclarar la relación "historia/condición" son el fortín y el puente. El fortín podrido que se encuentra fuera del pueblo es el lugar donde ocurrió la masacre de Presidio. Desde entonces, el fortín se convirtió en símbolo de la maldad humana para los habitantes de Presidio, quienes le atribuyeron cualidades legendarias por los rumores e historias que adquirieron dimensiones sobrenaturales. Pero estos rumores y "zumbidos" son la historia del pueblo de Presidio; a pesar de no poderse comprobar, las crónicas orales representan la única historia que el pueblo conoce, quedando fundida la historia del fortín con la de Presidio. El puente queda como vestigio de la injusticia y opresión del sistema, porque se necesitan documentos para cruzarlo. Ese puente pesa mucho en la mente del pueblo; después de todo, vino a dividirlos en vez de juntarlos, terminando así con una de las pocas felicidades del pueblo.

> ¿Te acuerdas, antes que hicieran el puente, cómo llevaba gente de un lado pa'l otro? Yo me divertía mucho con él. Entonces todos éramos iguales. No es que no séamos, pero ha cambiado desde que pusieron el puente. Qué curioso, Vicke. La gente se siente separada. ¿Que no los puentes son para que haiga menos de eso? Antes podíamos ir a que los agüelitos sin . . . ¿pa que son esos papeles, Vicke? ¿Por qué los piden esos hombres todo el tiempo? ¿Quiénes son? ¿Y el diablo los ha visto, Vicke? ¿Es cierto que estamos en el infierno? (pág. 19).

Otros símbolos importantes en las narraciones son la prisión (Presidio), el río (la vida y la muerte), la Santa Cruz (la impotencia divina), el diablo (la maldad), los rinchis (la opresión). Estos símbolos centrales a la comprensión de la obra giran alrededor de la metáfora medular del diablo puesto que van siempre relacionados ya sea con éste o con el infierno:

> Presidio, prisión, infierno . . . El puente son cosas del diablo. (el puente es el arco iris del diablo: dos patas de chivo puestas en dos cementerios.) . . . El río y el tren: una cruz chueca y borracha, una cruz serpiente, una cruz derretida . . . Era de los rinchis en ese tiempo. Era muy diablo.

El rol del protagonista, o sea el diablo, es de estar constantemente presente, mencionando todo lo que pasa en las narraciones y relacionándolo con el pensar del pueblo. El diablo es inseparable de la historia y del comportamiento o motivación de los habitantes de Presidio/prisión, llegando a declararse el manipulador de los actos humanos para frustrarlos y burlarse de ellos con el fin de entretenerse: "Burla, burlados todos, el diablo verde sonríe. El diablo manipula títeres. El diablo juega con la vida humana. Y esa vida humana nunca se dio cuenta cómo se coló por ellos. Fue como un aire que se les metió entre las patas y les echó zancadillas" (pág. 25). Se revela, entonces, que el diablo obtiene gozo y satisfacción del sufrimiento que azota a la humanidad de Presidio y que para zafarse de sus garras es preciso llegar a la toma de conciencia. Este proceso se cuenta por medio del fluir síquico del feto que oye y siente la historia que se desenvuelve fuera de él y que, a pesar de su impotencia con lo que sucede, escribirá la historia acumulada del pueblo sin perdonar nada: "Sí, habrá que contar, pero no con sufrimiento y con perdón. Habrá que encender la llama, la que murió con el tiempo" (pág. 99).

Contexto: Las voces vivas de Presidio

Presidio, Texas/Ojinaga, Chihuahua: un mundo predominantemente mexicano separado políticamente por la frontera México/ Estados Unidos en la forma del Río Bravo/Río Grande. El puente que une a Presidio con Ojinaga es el vestigio de la imposición de la separación puesto que los habitantes de los dos lados necesitan documentos legales que les permitan visitar a sus familias desmembradas. Sin embargo, estos dos lugares tienen una historia común y participan de la misma situación socioeconómica que no ha cambiado por más de cien años y que no tiene esperanzas de cambiar. El pueblo de Presidio, en el lado tejano, se considera uno de los lugares de la unión americana en donde el ambiente se muestra más inhóspito a causa del tremendo calor que se registra en la región y por lo baldío del terreno. La revista *Quest* publicó una fotografía de Presidio que ilustraba la inmensa soledad que se percibe en las calles desiertas del pueblo, que se perfila a modo de los famosos *ghost towns* perdidos en la inmensidad del suroeste.[17] La población actual de Presidio no llega a los mil habitantes, de los cuales el 90% es mexicano y chicano. El sector angloamericano es visible solamente dentro de sus propios enclaves, que incluyen grandes empacadoras de algodón, despepitadoras y almacenes de verduras listas para los mercados del interior. Los integrantes de este grupo no se mezclan ni participan en la vida social o política de Presidio, dejando a los demás habitantes de la región que se autodeterminen en los asuntos del pueblo dentro de las condiciones económicas impuestas por sus negocios.

Los descendientes de los habitantes méxicochicanos de Presidio eran dueños, en un tiempo, de las tierras algodoneras de la región, participando los dos pueblos en las cosechas y en la economía local. Sin embargo, poco a poco fueron despojados de sus tierras por las grandes conglomeraciones agrícolas, convirtiéndolos en trabajadores asalariados en sus propias tierras. La producción del algodón, el producto principal de la región, se ha extendido a grandes proporciones; así se necesita la mano de obra barata procedente de Ojinaga, cuyos habitantes indocumentados son atraídos con promesas de protección política y mejores salarios. La interdependencia económica de estos dos pueblos es incrementada por la falta de medios de escape: los habitantes de Presidio se encuentran comprometidos financieramente con los patrones, que son la única fuente de sus necesidades materiales; los de Ojinaga se encuentran bajo la amenaza de deportación si logran encontrar mejor trabajo en otras partes. Presidio-Ojinaga es un mundo bien controlado y calculado para perpetuar el *status quo* socioeconómico. La compañía Texas Cotton Industry es la más poderosa en Presidio, siendo uno de sus dueños un nieto de Teddy Roosevelt.

El famoso fortín de Presidio, que probablemente contribuyó a su nombre, fue construido en 1863 según la placa que ostenta la fachada, aunque los habitantes creen que es más antiguo. Este fortín, construido por misioneros, tenía una doble función, la de ser casa de Dios y la de servir como defensa contra los indios y los elementos. El fortín fue abandonado poco después y los habitantes lo convirtieron en el "cirijol" de Presidio o sea el palacio municipal, que servía de ayuntamiento y de cárcel. Cuando la cabecera municipal de Presidio fue trasladada a Marfa, el fortín quedó nuevamente abandonado. Al llegar las grandes compañías agrícolas a la región, usaron el fortín como oficinas de negocios, para abandonarlo después por unas más modernas. La fortaleza ha quedado abandonada por más de cincuenta años, convirtiéndose en símbolo de un pasado ignorado pero tal vez glorioso—o infame. Las leyendas que el pueblo le atribuye al fortín engrandecen el poder sobrenatural que se cierne sobre Presidio, porque son numerosas las historias de espantos, almas en pena o del diablo, historias que a la vez constituyen la mayor diversión histórica sobre el pasado del pueblo. La gente jura que las almas de los desgraciados matados a traición en el fortín han quedado aprisionadas en él y atraen a las demás almas que salen o entran a Presidio a formar parte de ese mundo mítico.

La Sierrita de la Santa Cruz se encuentra en el lado mexicano, en Ojinaga. En años pasados los habitantes de los dos lados hacían mandas y escalaban la sierrita hasta la capilla que corona la cima, en donde todavía, por tradición, se ruega por el mejoramiento del pueblo a causa de los reveses del destino y del diablo. La capillita está alfombrada de piernas, brazos y cabezas y otras figuritas representativas de todas las partes del cuerpo, como testimonio de milagros cumplidos o mandas que se están llevando a cabo. Las veladoras, cirios y velas que se ven prendidos son testimonios de la antigua y tradicional fe religiosa de la gente, que no pierde su confianza en la intervención divina. Desde la cima de la sierrita se divisan los dos pueblos y la junta de los ríos Conchos y Bravo. La fauna de la región abunda en liebres, venados y berrendos cuya caza ha creado en Presidio un comercio de cría de estos infelices animales para la diversión de los cazadores que llegan a Presidio anualmente. Las grandes extensiones de desierto y tierras secas polvorientas dan a Presidio-Ojinaga un aspecto desolador, sólo salpicado por campos blancos de algodón que se tuestan bajo el inclemente sol de las praderas. Este es el cuadro de Presidio-Ojinaga, comunidad que ha quedado paralizada y como pintada en la geografía de la frontera como un paisaje surrealista. Y este es el mundo que Brito transporta íntegramente a la obra, pero pintado con otros colores que lo explican y le dan sentido. El ambiente deprime al viajero:

> Cuando quieres llegar a Presidio te vas por un camino apretado de guames y mezquitas. Con el aire pegado a las pestañas y una mente retrasada, el cuerpo se te suelta y se te cae en una noria que terminó de acabarse (pág. 72).

Este es el camino a Presidio, al acercarse al pueblo. Una vez dentro de él, vemos

> casas de adobe maltratado, casas que piden misericordia a Dios. Casas: zapatos viejos que se abandonaron a un sol que engarruña todo... A paso de rueda, Johnny's Bar, Texaco, Ron's Lumber, Halper's (al que le barrenaron la sien para hacerlo que soltara la lana), Phillip's 66, Juárez General Store... (pág. 72).

Y este Presidio que existe en realidades tangentes y comprendidas dentro del mundo americano, queda trasladado a la perspectiva del autor: "... Presidio—siete letras taladradas en semana santa, presidio del tiempo prolongado, presidio suspendido en un vapor a las tres de la tarde..." (pág. 98); después lo describe dentro de su propia fantasía:

> Yo vengo de un pueblito llamado Presidio. Allá en los más remotos confines de la tierra surge seco y baldío. Cuando quiero contarles cómo realmente es, no puedo, porque me lo imagino como un vapor eterno. Quisiera también poderlo fijar en un cuadro por un instante, así como pintura pero se me nubla la mente de sombras alargadas, sombras que me susurran al oído diciéndome que Presidio está muy lejos del cielo (Prólogo).

El Presidio de la fantasía de Brito no es muy diferente del Presidio de la realidad; ambos están trazados dentro de perspectivas distintas pero convergentes en el sentido de la obra. Al ser superpuestos, queda un mundo comprendido dentro del otro: uno descrito por la exterioridad visual y palpable, el otro definido por la sensibilidad del autor que lo complementa y lo explica.

El fortín, símbolo del pasado que guarda como viejo arcón las páginas arrancadas de las vidas de Presidio, se alza carcomido por el tiempo y los elementos, recordando para siempre al pueblo la relación entre su historia física y su intrahistoria. Brito relata en su obra las diferentes funciones del fortín, que ha servido tanto de refugio del pueblo como de escenario de hechos terribles:

> En ese tiempo la gente sembraba trigo, maíz, cosa asina que se levantara antes de septiembre porque ya nomás llegaba el río y tenían que abandonar los jacales en las labores y venirse al fortín. El fortín se ocupaba de pura gente pobre que había perdido su jacal (pág. 6).

Con el tiempo, el fortín adquiere otras formas y significados para el pueblo, y al transformarse se describe así:

> Allí cerca de Presidio donde llaman la loma Pelona, se levanta el fortín como castillo podrido. Es un castillo de adobe sin puertas que el viento usa como pito de barro . . . (pág. 36).
>
> —Porque el fortín es de vidrio, es acuario. . . .
> —No, las puertas son de voces . . . (pág. 47).

Y cuando llegaron las compañías agrícolas: "In fact he even take over the forteen and use it as an office once his business went good and the soldiers had move out" (pág. 48).

Presidio, la Sierrita y el fortín son los lazos simbólicos entre las dos realidades porque existen dentro y fuera de la obra pero con sus propiedades individuales, sin sustraer o quitarles el sentido histórico que han adquirido en lo real y en lo ficticio. La creencia sobre el diablo es cosa bien documentada dentro de la religiosidad del pueblo mexicano; basta con oír o escuchar las historias de cualquier pueblo de la provincia mexicana (y por extensión, la chicana) para enterarse de que todo lo ignorado o inexplicado es cosa del diablo. Brito se crió en medio de estos relatos que forman parte inextricable del proceso histórico del pueblo mexicano: las ánimas en pena, el infierno, la condenación eterna, la maldad causada por el demonio, la fatalidad y el destino. El mundo, la carne y el diablo han sido siempre la base simbólica para explicar los hechos adversos ocurridos en la historia íntima del pueblo y no requieren más aclaración de lo que está implícito. Octavio Paz lo describe como característica mexicana y Rulfo lo integra en la mitología

112 VOCES DE PRESIDIO

moderna del mexicano. Brito transporta esta característica del pueblo mexicano a otra dimensión dentro del mundo chicano para dar un mensaje claro que el pueblo entiende. El diablo anda suelto en Texas y siempre ha andado suelto desde que aparecieron los Texas Rangers. No hay más que explicar—el pueblo lo entiende, y Brito lo cuenta.

Contratexto: La realidad sin historia

Desde que se publicó *El diablo en Texas*, pocos críticos se han ocupado de la obra. Podemos atribuir esto a lo complejo de la estructura o tal vez a la incomprensión del mundo relatado por Brito. Se encuentran solamente cinco reseñas del libro y un estudio sobre el mundo mexicano descrito en la obra que lo compara con el mundo de Comala de Juan Rulfo.[18] La obra ha sido de lenta asimilación por los estudiosos de la literatura chicana, pero esto se debe a que está escrita en español, tiene una estructura fragmentada y usa una forma de espresión regional (la tejana) para describir un mundo de elementos fantásticos casi impenetrable.

El impacto que Brito quiso producir con esta obra lo consiguió en parte. A pesar de que la crítica solamente ha producido cinco reseñas y un estudio comparativo en lo que va de dos años,[19] varios habitantes de Presidio la han leído, y según Brito la han entendido completamente.[20] Esta comprensión por parte del pueblo se debe a su propia participación por medio de los relatos que se han contado históricamente en el pueblo. Los símbolos de la obra son sus símbolos; el ambiente de frustración es el mismo en el cual viven ellos y la forma de expresión de la obra es la que ellos usan. Sin embargo, ha habido varias objeciones acerca del libro y la vida que pinta. El cura local de Presidio, un español peninsular, es el habitante del pueblo que más ha atacado el contenido del libro y ha tenido varias sesiones con Brito para discutir el mundo relatado en la historia. A pesar de que el señor cura está de acuerdo con la realidad pintada en la novela, él rehusa creer que la obra pueda ser uno de los medios para sacudir al pueblo de la ignorancia que lo tiene dormido. El cura tacha al libro de antirreligioso, de perpetuar la superstición y de instigar la rebelión en contra del orden establecido por medio de un cambio a valores no tradicionales del pueblo. *El diablo en Texas* se ha convertido en una causa célebre en el pueblo de Presidio puesto que ahora la gente tiene algo sobre qué discutir y poco a poco está saliendo de su apatía al comprender el mensaje de la obra. El cura lo ataca desde el púlpito y hasta amenaza al pueblo con excomunión si lo sigue leyendo. Por consiguiente, Brito considera que ha logrado uno de los fines por el cual escribió el libro: que el pueblo se diera cuenta de su realidad por medio de la obra. El poder tradicional de la iglesia todavía perdura en Presidio ya que sigue siendo el único consuelo de la gente explotada y pobre del pueblo. Se necesitan otros medios, como la ayuda federal, para cambiar la situación económica de la región; ni el sindicato laboral de César Chávez, que instigó una huelga para elevar los salarios de los campesinos apenas el año pasado, logró una victoria completa. El salario por hora fue incrementado pero todavía está muy por debajo del salario nacional o de regiones como California y otras partes de Texas. La proximidad de Ojinaga, con sus habitantes más desafortunados que los de Presidio, obra en parte en contra de los intereses de éste; las empresas agrícolas de la región atraen a los indocumentados con salarios más altos que los del otro lado, pero más bajos que los de Presidio. Como Presidio-Ojinaga es actualmente una unidad emparentada, no hay quejas por parte de Presidio porque a veces son miembros de la misma familia los que trabajan. Otra industria que ha surgido en Presidio en los últimos años es la cría de berrendos, venados parecidos a los antílopes a los cuales sueltan durante la temporada de caza. Esta industria atrae cazadores de todas partes de la unión americana porque la región es la única en donde se encuentran los berrendos y ese tipo de deporte.

Brito visitó a Presidio durante el verano de 1978 y el pueblo lo recibió como hijo ilustre a pesar de las objeciones del sacerdote. Conversó con la gente del pueblo que lo alentó a seguir escribiendo la historia ignorada y se prestó a contar otros relatos que ellos habían sacado de sus memorias inspirados por el libro. A pesar de esta nueva actividad local, el pueblo sigue lo mismo. Brito no se percató de ningún cambio significativo desde su última visita. El libro no le ha producido suficiente dinero para comprarles una mejor casa a sus padres, pero no pierde las esperanzas. Los dos mil ejemplares de la primera edición todavía no se agotan pero por lo menos han pagado la impresión y siguen llegando algunos pedidos del sur de Texas y de Arizona, lugares en donde ha tenido más impacto el libro. También le ha llegado un pedido de São Paulo, Brasil, de donde le piden no solamente ejemplares sino también crítica y reseñas sobre el libro. No sabe Brito cómo llegó *El diablo* a esas tierras, pero parece que la gente de Brasil comprende el mundo de la obra y se relaciona con él. Brito, al igual que otros escritores chicanos, no escribe con fines económicos; si eso ocurre será a pesar de su compromiso primordial. En todo caso, Brito se siente satisfecho de su obra, cuya difusión va a paso lento pero seguro según los indicios que ha observado en las cartas que le escriben lectores pertenecientes a la clase a la cual fue dirigida. Este hecho le da más satisfacción a Brito que cualquier resultado económico, a pesar de que la Editorial Peregrinos ha sido disuelta por falta de fondos con los cuales seguir publicando.

Brito sigue muy activo en las organizaciones dedicadas a difundir la literatura chicana; ha encabezado varios comités dentro de la Modern Language Association y la American Association of Teachers of Spanish and Portuguese. A él y a esos comités se les debe la inclusión de talleres de literatura chicana dentro de estas organizaciones, las cuales tradicionalmente se han ocupado solamente de las literaturas nacionales. Brito seguirá escribiendo a pesar de sus actividades profesionales como profesor de literatura hispánica y chicana en Pima College de Tucson, Arizona, en donde más de seis mil estudiantes son chicanos o mexicanos. En esa institución, Brito se puede dar el lujo de impartir dichas clases en español, cosa que todavía está muy lejos de realizarse en otros planteles y universidades que ofrecen tales cursos.

Conclusión

El propósito de este estudio fue explicar esta obra experimental sobreponiéndola al compromiso literario y social del autor para comprobar si el compromiso inicial aflora en el texto de la novela. Después de hacer esto, la obra se sitúa al lado del mundo historiografiado con el propósito de apreciar los dos mundos lado a lado. Ya que propusimos que la obra *El diablo en Texas* era una autobiografía disfrazada fantásticamente y entrelazada a la historia de Presidio, teníamos que describirla en el texto y explicar su función para relacionar la autobiografía con la historiografía de la novela. En otras palabras, trazamos la trayectoria de la obra desde su espacio seminal que generó la historia, pasando por el texto mismo y después comparándolo otra vez con la realidad que la impulsó. De esta manera investigamos las relaciones que tiene la obra con las circunstancias que la crearon, o sea: la historia, el autor, el tiempo-espacio y el resultado.

Este tipo de estudio se debe a que la obra es parte de una realidad física y no mítica, como lo es la Comala de *Pedro Páramo*. Presidio existe en realidad y se encuentra tal como se describe en la obra aunque sea desde otra perspectiva. El mundo de Presidio descrito dentro del texto de la obra no es imaginado o creado por el autor; es un reflejo de una realidad física y palpable. Es la historia auténtica de un pueblo contada por medio de otros elementos y perspectivas que ayudan a la comprensión de ese mundo que resulta fantástico en su propia realidad. Esta obra experimental trata de fundir estos dos mundos por medio de los relatos del pueblo que el autor teje alrededor de un protagonista cuya existencia no se puede comprobar científicamente ni deshacer por otros medios. El diablo existe para el pueblo de Presidio y su presencia y maleficios son parte irrefutable de su historia. Pero Brito no pinta al diablo como funesta aberración o como maldad inhumana que aprisiona al pueblo; Brito se burla de él como el diablo se burla del pueblo. Lo pinta de diferentes modos para que se confunda con el pueblo y represente las flaquezas humanas. En otras palabras, Brito humaniza al diablo y algunos humanos son diablos: los rinches, los explotadores, los embaucadores del pueblo. Es una historia humana que pinta y describe a la gente del pueblo desde la perspectiva de su humanidad sin otras pretensiones.

Esta obra es representativa de la imaginación e invención a la que tienen que recurrir los escritores chicanos para poder representar una realidad que difícilmente concuerda con la imagen que se nos presenta del mundo a través de la televisión y las películas, que constantemente tratan de acondicionarnos a una realidad ilusoria.[21] Esto ocurre, tal vez, para ofuscar la verdadera realidad de las condiciones que aún existen dentro de unos grupos explotados y oprimidos y que se trata de ignorar para aceptar el bienestar económico como representativo de la sociedad en que vivimos.

"El pueblo chicano es así y se acabó."
—*Rolando Hinojosa*

Capítulo V

ROLANDO HINOJOSA Y EL COMPROMISO CON LA TRADICION ORAL

Estampas del valle y Generaciones y semblanzas

La vida como es

De los cinco autores chicanos que escriben en español, Rolando Hinojosa es el único que ha traspasado con su prosa los lindes regionales de la literatura chicana. Su primer libro, *Estampas del valle y otras obras*, laureado en 1973 con el prestigioso premio literario Quinto Sol, entró por la puerta grande a la literatura chicana. Era la segunda novela de un chicano, después de *Tierra*, que se escribía en español y juntas venían a comprobar que la literatura chicana en español tenía grandes esperanzas en maestros como Tomás Rivera y Rolando Hinojosa.

Si la novela de Alejandro Morales, *Caras viejas y vino nuevo*, dio el primer salto fronterizo al publicarse en México y darse así a conocer a la crítica mexicana, fue la segunda de Hinojosa, *Klail City y sus alrededores*, la que puso a la literatura chicana en el mapa de la literatura universal al recibir en 1976 el codiciado premio Casa de las Américas, de Cuba. El que un selecto jurado hispanoamericano[1] la escogiera entre más de seiscientas obras de diversos países de habla hispana, la convierte en parte integrante de la literatura del continente. El jurado declaró que la novela ganadora tenía "interés particular como muestra indicadora del surgimiento de una literatura latinoamericana singular: la chicana."[2] Este acontecimiento es trascendental puesto que le otorga a la literatura chicana el documento que necesitaba para ser reconocida dentro de la literatura latinoamericana. Este logro, además, impulsa a los escritores chicanos a seguir empleando el español chicano como lengua literaria.

Con Rolando Hinojosa la literatura chicana toma nuevas direcciones. A pesar de que el tema de su obra no es novedoso, ya que todos los escritores chicanos que escriben en español emplean la misma temática, o sea los problemas del pueblo chicano, Hinojosa infunde a la novelística un elemento nuevo: el humor. Rivera cuenta de las tragedias y angustias por las que pasa el pueblo chicano para sobrevivir marginalmente; Brito relata el tremendo estado de opresión que condiciona al pueblo; Méndez, la condición social y económica de un pueblo que vive clamando justicia. Hinojosa, en cambio, presenta a un pueblo que acepta la vida tal como es; esa parece ser la fórmula que el chicano de Hinojosa ha encontrado como filosofía y método de aguante para perdurar como raza.[3] El mundo anglosajón es el que aparece marginado en la obra; pero no está marginado por opresiones sociales o económicas, sino por no saber sobrellevar la vida o no encontrar goce en ella. Esta perspectiva del pueblo chicano es uno de los elementos novedosos en la obra de Hinojosa. Por primera vez el pueblo chicano está visto en su totalidad, permitiendo observar las profundas diferencias y los sorprendentes parecidos con los demás pueblos latinoamericanos. Hinojosa retrata al pueblo sin dar excusas ni explicaciones: "el pueblo chicano así es y se acabó."[4]

Rolando Hinojosa se ha propuesto escribir una épica del pueblo en donde no haya héroes singulares ni sobresalientes; el único acto heroico es la perduración de *la raza*. Sus dos obras, *Estampas* y *Generaciones y semblanzas* (título bajo el cual se publicó *Klail City*) son una sola obra continua. En ambas aparecen los mismos personajes, enlazando de esa manera una continuidad dinámica que se prolongará en sus futuras obras. Es decir que todas las obras de Hinojosa estarán relacionadas entre sí por medio de los personajes que forman parte del pueblo chicano y su mundo. Las anécdotas, la trama y la técnica narrativa cambian constantemente pero los personajes permanecen. Esto es simbólico del pueblo que se novela: su permanencia, su perdurabilidad.

En estas obras se emplea el habla popular de la gente: un lenguaje sin rodeos, a veces vulgar, sin pelos en la lengua, pero de ninguna manera una expresión estática, académica o inerme. El pueblo estalla en vocablos definitorios de lo que siente y quiere decir y emplea expresiones bilingües, coloquiales o regionales que lo determinan y clasifican como un pueblo latinoamericano con una experiencia única y diferente a los demás. Al querer retratar a este pueblo, Hinojosa dice que su participación como escritor es la de ser como un espejo: "lo que sigue se dedica a la gente de Belken County y a sus espejos que los ven buenos, enfermos, en pelota, llorando, etc. de noche y de día" (*Est.* 101). Hinojosa capta al pueblo en sus reflejos y en los momentos en que están desprevenidos, y no se excusa de ello. En otras palabras no trata de idealizar o rebajar al pueblo sino de representarlo tal como es: igual a todos en su humanidad pero diferente al resto en su particularidad. Y es esa perspectiva particular la que separa y define a sus personajes como habitantes de un mundo singular: el chicano.

Para poder reflejar esa multitud de personajes, sus vidas y experiencias, Hinojosa experimenta con varias técnicas, tejiendo así un rebozo colorido de estampas, cuadros de costumbres, anécdotas, diálogos, monólogos y hasta actas levantadas por las autoridades, en el que se funde una visión total bien lograda y matizada por personajes inolvidables. Se dice que todo escritor refleja sus experiencias vitales en su obra, lo que es particularmente cierto en el caso de Hinojosa. Al leer *Estampas* y *Generaciones* nos parece estar escuchando a alguien que conoce profundamente la historia íntima del pueblo y que al transmitirnos esas confidencias, logra hacernos penetrar en su seno. El autor, como un lazarillo, nos lleva por su pueblo presentándonos a los diversos tipos y confiándonos sus historias, chismes, insinuaciones, "lo que dice la gente" y lo que piensan ellos de sí mismos. El condado de Belken surge como prototipo literario representativo de lo que tienen en común todos los pueblos: vida y humanidad. Sin embargo, ese microcosmo de Belken tiene un ingrediente diferente por el cual la vida y humanidad comunes adquieren una peculiaridad distinta con sabor único; ese ingrediente es *lo chicano*.

El pueblo de Belken, su creador y la obra se relacionarán en este estudio como elementos indicativos de una misma realidad social.

Pretexto: La esencia del pueblo

Los antepasados de Rolando Hinojosa llegan al valle del Río Bravo con la expedición de Escandón en 1747.[5] Los integrantes de esta expedición se establecen a ambos lados del río; sus descendientes se ven después divididos políticamente por el mismo río cuando Texas se separa de México en 1836. Este hecho político no llega a causar profundos cambios culturales en el pueblo. Los habitantes del valle continúan siendo mexicanos y manteniendo el mismo tren de vida tradicional. Sin embargo, el pueblo siente que para preservar su mexicanidad tiene que luchar contra todo intento de americanización. El pueblo se convierte en americano políticamente, pero su alma y esencia siguen siendo mexicanas. Hinojosa nace dentro de esta situación sociopolítica el 21 de enero de 1929, en Mercedes, un pueblo de menos de diez mil habitantes a seis millas de la frontera mexicana en el condado de Hidalgo, Texas. El noventa por ciento de las familias de Mercedes son de ascendencia mexicana; el español predomina como lengua natural de los habitantes, aunque la mayoría de ellos son bilingües. La madre del autor, Carrie Smith, cuyo padre peleó en la Guerra Civil americana, llega al condado de Hidalgo a la edad de seis años con su familia, procedente de Illinois. Años más tarde se casa allí mismo con el señor Hinojosa.

Rolando hace sus primeros estudios con su madre, que es profesora. La escuela primaria a la cual asiste el autor era dirigida por mexicanos expatriados durante la Revolución, profesores que seguían enseñando de acuerdo con modelos mexicanos y que se encontraban muy bien preparados para esa enseñanza. La escuela apenas lograba subsistir gracias a una suscripción mínima, pero lo importante era el mantenimiento de la tradición y los valores mexicanos que se preservaban dentro de ella. La instrucción empezaba con el himno nacional mexicano; todo lo demás se relacionaba a la continuación de la herencia mexicana. Esta influencia temprana de lo mexicano afianzó las raíces culturales que después saldrían a relucir en las historias sobre los revolucionarios. El padre de Hinojosa tomó parte en la Revolución, llegando a ser teniente coronel. "Mi padre", recuerda el autor, "por mucho tiempo salía y entraba a México mientras mi madre mantenía junta a la familia en el lado americano."[6] Después de graduarse de la secundaria, Hinojosa entra en el ejército americano a los 17 años; no fue hasta entonces que tuvo la oportunidad de salir del condado. Los cuatro años en el ejército le proporcionan al joven una perspectiva novedosa y cruel del mundo fuera de su pueblo, ya que participó en la guerra de Corea. Su experiencia en esa guerra sería el tema de su poema narrativo en inglés, *Korean Love Songs*.[7] Al salir del ejército y con la ayuda del G.I. Bill, Hinojosa entra a la Universidad de Texas y recibe su bachillerato en español y literatura en 1953. "En Texas estudié la literatura mexicana e hispanoamericana, inclusive la literatura peninsular del diecinueve que era parte de mi área. Salí bailando de allí con un bachillerato sin haber oído jamás de Borges."[8]

Al recibirse, Hinojosa toma un puesto de maestro de escuela secundaria y otros trabajos que le proporcionaran un medio de vida. Durante varios años, desempeñó funciones burocráticas para el seguro social, y trabajó en fábricas y tiendas de ropa, hasta que se dio cuenta de que había oportunidades para seguir la carrera académica que tanto deseaba. Consiguió un puesto de instructor asistente en el departamento de español en la Universidad de Illinois, y de esa manera obtuvo su maestría y, en 1963, el doctorado.

Su ambición de escritor ya la tenía aun antes de terminar la secundaria. En ese entonces, Hinojosa escribe *Estampas Arteaguenses*, relatos que había oído en el pueblo sobre la gente de Arteaga, Coahuila. "No hice nada con esas estampas", nos dice el autor, "pero fueron las que dieron vida a mi futura obra."[9] En la universidad, Hinojosa sigue escribiendo relatos e historias sobre personajes que se le fijaban en la memoria. El movimiento chicano lo sorprende en Illinois al darse cuenta de que había sólo dos chicanos en toda la universidad. Los dos empiezan a tratar de fomentar en la universidad interés por atraer estudiantes chicanos, especialmente de Texas, donde Hinojosa conocía bastante gente capacitada que esperaba solamente una oportunidad para educarse. Todos sus hermanos habían asistido a la universidad porque la educación siempre se había tenido en muy alta consideración en el valle, especialmente en su familia. Su padre había querido que él fuera médico, pero su afición por la enseñanza y la dedicación a la literatura se habían arraigado en él desde muy temprano.

Hinojosa regresa a Texas en 1968 y toma un puesto de profesor en español en Trinity University de San Antonio. Ahí conoce por primera vez la naciente literatura chicana que se venía publicando en inglés. El seguía escribiendo en español, aun cuando sabía muy bien que tendría muchas dificultades en publicar; creía que lo que él escribía se tenía que hacer en español. No fue hasta 1971 con la publicación de ... *y no se lo tragó la tierra* de Tomás Rivera que Hinojosa descubre que se podía publicar también en español. Al leer la obra de Rivera y al escuchar una entrevista de ese autor tejano, compatriota suyo, se da cuenta de que también Rivera estaba escribiendo sobre el pueblo chicano-tejano, recopilando y rescatando las historias orales de ese mismo pueblo, exactamente como lo estaba haciendo él mismo. Hinojosa decide conocer personalmente a Rivera y consigue entablar una relación inmediata de amistad y coloboración: "Pero si estábamos haciendo lo mismo. ¡Cómo no íbamos a caernos bien!", comenta el autor.[10] Rivera alienta a Hinojosa a publicar su manuscrito en Quinto Sol, editorial que había publicado *Tierra*; es más, el libro se somete a competencia en el certamen literario dentro de la clasificación novela y sale premiado en 1973. Este galardón le da un gran impulso a la carrera artística de Hinojosa y su prosa enriquece la literatura chicana.

A pesar de su labor académica en la universidad, Hinojosa sigue su labor literaria y el manuscrito de su segunda novela, más acabada y madura que *Estampas*, compite en el plano internacional y recibe el premio de Casa de las Américas en Cuba. Estas dos novelas establecen la carrera artística de Hinojosa. En 1974 la Universidad de Texas A&I, en Kingsville, lo nombra decano de la facultad de Artes y Ciencias, nombramiento que después lo lleva al puesto de vicepresidente de Asuntos Académicos de la misma universidad. El meteórico ascenso dentro de su carrera académica es el fruto de su habilidad administrativa, creatividad artística y relaciones universitarias. El nombramiento a estos puestos académicos los toma Hinojosa como evidencia de la capacidad de los chicanos para desempeñar cargos administrativos que antes les habían sido vedados. Ningún chicano antes de Hinojosa y Rivera había ocupado tan altos puestos universitarios, y ellos servían de modelo para otros escritores y profesores chicanos que sentían un estancamiento discriminatorio dentro de la profesión.

En Texas, Hinojosa descubre que los quehaceres administrativos más exigentes no le dejan tiempo para seguir escribiendo. En 1977 se le presenta una oportunidad: la Universidad de Minnesota necesita un director para el departamento de Estudios Chicanos y ofrece proporcionar suficiente tiempo para la creatividad literaria. Hinojosa acepta el puesto y logra terminar su tercer manuscrito, *Korean Love Songs*. El puesto le da además la oportunidad de aceptar giras literarias que le permiten hablar sobre sus obras y promover la literatura chicana. Hinojosa es actualmente conocido como conferencista de gran importancia; comprueban esa reputación las numerosas invitaciones que recibe para participar en conferencias literarias. El humor de Hinojosa se encuentra siempre patente en sus conferencias, que reflejan el estilo gracioso y atractivo de sus obras.

Son varias las semejanzas entre Hinojosa y los otros escritores chicanos que escriben en español, particularmente en lo que respecta a la concepción que tienen sobre el compromiso de la lengua y sobre la necesidad de documentar la historia y las costumbres del pueblo chicano. El autor nos dice que su ambición de escribir la historia de su pueblo y rescatar la literatura oral que delinea la filosofía y el modo de ver el mundo del chicano ha sido el factor promotor de su obra. Había escrito estos libros aunque no hubiera sido entrenado profesionalmente como escritor porque el deseo y el compromiso ya estaban arraigados en él y nada se hubiera opuesto a la empresa. Todo habría sido cuestión de tiempo. Se necesitó la consciencia y aceptación de ser un pueblo diferente y único entre los pueblos latinoamericanos para que sus integrantes se propusieran la empresa de biografiarlo. Steinbeck, Bret Hart y Jack London, escritores norteamericanos, sólo habían insinuado al pueblo chicano con estereotipos sentimentales sin poder llegar jamás a la esencia.[11] Impulsado por sus éxitos, Rolando Hinojosa sigue escribiendo. Su siguiente novela, *Claros varones de Belken*, está actualmente lista para su publicación, y la quinta, *Mi querido Rafa*, apareció a fines de 1981. El autor se ha propuesto escribir una obra única, relacionada con el pueblo, y cada novela es un capítulo de ella. Hinojosa tiene por lo tanto mucho material y mucho por escribir. El impulso que le ha proporcionado a la literatura chicana es ya reconocido, pero se tendrá que ver la obra completa para valorar su empresa.

Texto: Un poquito de todo

Las dos obras, *Estampas del valle y otras obras* y *Generaciones y semblanzas*, serán estudiadas juntas puesto que forman parte de una misma obra continua que no está todavía terminada, según explica el propio Hinojosa: "Creo que la meta que me he propuesto es explorar todas las posibilidades y perspectivas para seguir representando la historia del pueblo de Belken County. Con esto tengo mucho trabajo, suficiente parque y pueda que sea el trabajo de mi vida."[12] Teniendo en cuenta esta declaración no se puede, pues, separar las dos obras, ni se puede decir que *Generaciones* sea una continuación o secuela de *Estampas*. Los mismos personajes aparecen, desaparecen y reaparecen en los dos libros porque, según el autor, "la memoria viene y va" (*Est.* 117). No importa cuál libro se lea primero; lo que importa son los personajes y los relatos o historias del pueblo chicano del sur de Texas, escritas por primera vez sin otro motivo que dar a conocer y documentar la existencia de un pueblo antes desconocido e ignorado. Los personajes y los relatos bien pueden ser ficticios, y a veces lo son; pero el mundo y la experiencia representados son netamente chicanos.

Estampas del valle y otras obras salió al mercado en 1973 como obra ya premiada. Esta primera obra de Hinojosa fue publicada por la Editorial Quinto Sol de Berkeley, California; la tirada fue de cinco mil ejemplares y la traducción al inglés de Gustavo Valadez y José Reyna. La segunda edición, en la cual basamos este estudio, fue publicada por la Editorial Justa, también de Berkeley, California, en diciembre de 1977.[13] Hay pocos cambios entre las dos ediciones, siendo el más notable la exclusión del mapa del condado de Belken que aparece en la página diez de la primera edición. Según el propio autor, no se dio cuenta de la falta del mapa a pesar de que lo considera de gran importancia en la obra. Otra exclusión en la segunda edición es la interesante introducción de Herminio Ríos. La segunda edición sale ya con un mercado atraído por la fama de *Generaciones,* que había sido publicada en Latinoamérica en 1976. Esta segunda edición de *Estampas* lleva una atractiva portada—un dibujo impresionista a colores del artista Oscar Bernal—y varios dibujos tipo gouash en el interior. En las 164 páginas del libro se incluye una traducción al inglés después de cada sección en español. La obra se divide en cuatro secciones, cada una de un estilo diferente: (1) "Estampas del valle", (2) "Por esas cosas que pasan", (3) "Vidas y milagros" y (4) "Una vida de Rafa Buenrostro". La sección más larga es "Estampas" y la más corta es "Por esas cosas que pasan". La contraportada ostenta una fotografía del autor y una corta nota sobre éste y su obra.

Generaciones y semblanzas[14] es el título con el que la Editorial Justa de Berkeley publica en mayo de 1977 la segunda obra de Hinojosa. Por razones editoriales de las cuales no tenemos información, esta edición de *Generaciones* no salió al mercado hasta fines de 1978. La primera publicación la hizo Casa de las Américas de Cuba en 1976, con el título de *Klail City y sus alrededores.* La edición de Justa suma 179 páginas y tiene un formato bilingüe diferente a *Estampas*: las páginas se alternan en inglés y en español, facilitando la comparación de los dos textos, el original y su traducción. La conocida lingüista tejana, Rosaura Sánchez, es la acertada traductora. Edel Villagómez prepara las ilustraciones surrealistas y la portada que, aunque interesantes, son poco reveladoras del contenido del libro. Tal vez la intención del artista no haya sido divulgar el asunto de la obra, ya que es muy común que los libros modernos lleven ilustraciones solamente para romper la monotonía de la letra impresa y para llamar la atención del presunto lector. El libro incluye una nota del editor preparada por Herminio Ríos y, a guisa de Prólogo, el acta del jurado que seleccionó unánimemente esta novela para el Premio Casa de las Américas. Se incluye además una dedicatoria a Tomás Rivera. La contraportada lleva una fotografía del autor y una nota en inglés acerca del premio otorgado a la novela. La nota va impresa sobre la fotografía impidiendo apreciar adecuadamente la fisionomía del autor. El libro no tiene índices pero cada sección va precedida por los títulos de los relatos contenidos en ella. Las secciones son cuatro: (1) sin título, (2) "Echeverría tiene la palabra", (3) "Notas de Klail City y sus alrededores" y (4) "Brechas nuevas y viejas".

El estudio de estos textos se limitará a describir la técnica empleada por el autor para relacionar el mundo creado en la obra con la realidad social del pueblo chicano que se novela y de la cual parte. Para conseguir el enfoque que perseguimos en este estudio, tenemos que considerar ciertos elementos implícitos en la obra: (1) el hecho de que el autor esté condicionado por la sociedad a la cual describe y de la cual forma parte; (2) la forma en que la obra artística refleja la realidad social de la comunidad, y (3) el objetivo del autor al escribir sobre esa comunidad en particular. El único elemento externo a la obra que se vincula con todos los elementos estructurales internos de ésta es la lengua, puesto que el empleo de cierta forma de expresión, a exclusión de otras, aporta autenticidad e historicidad en tiempo y en espacio al texto y al contexto. Al tomar en cuenta la sociedad representada, la comunidad chicana del sur de Texas, lo hacemos con el objetivo de deducir hasta qué punto el conocimiento y comprensión de la comunidad que se perfila como protagonista ayudará a la mejor comprensión de la realidad social de esa comunidad, del autor y de su obra. Al tratar de comprender la comunidad representada, ésta nos dará a conocer al autor que parte de ella y así nos llevará al mejor entendimiento de la obra. En este procedimiento no tratamos de esquivar peligros como el que presenta el determinar si la realidad del pueblo está refractada por la creatividad del autor y por las convenciones literarias. La visión total de esta comunidad, a pesar de estar distorsionada, se vislumbra dentro de una realidad colectiva que será experimentada como auténtica por el lector que sea miembro de esa comunidad. Es decir, el lector perteneciente a la sociedad descrita se identificará con el mundo descrito en la novela. Para el lector que no pertenece a esa sociedad, lo más importante será la trama, mientras que la visión del mundo se le ofrecerá como algo interesante pero exótico. En ninguno de los dos casos la obra desmerece: la visión del mundo y la experiencia propias del pueblo chicano están patentes en la novela; la trama por su parte está hábilmente llevada con el uso de técnicas y estilos novedosos muy bien manejados por el autor.

El tema de la obra es el pueblo chicano, su resistencia y su perdurabilidad dentro de una superestructura sociocultural que amenaza su continuidad. La comunidad chicana del sur de Texas surge como protagonista representativa del pueblo chicano y su experiencia en los Estados Unidos. Los personajes del condado de Belken son prototipos; su comportamiento, ideología, forma de expresión y modo de interpretar la realidad resumen las características distintivas que han forjado el mundo chicano actual. Hinojosa ha tenido el acierto de crear personajes representativos de esa sociedad que le permiten recrear un mundo relacionado con la realidad social del contexto. El autor intercala sus personajes ficticios con nombres de personajes verdaderos a quien él conoce y que también son reconocibles dentro de la literatura chicana. Nos referimos a nombres como Américo Paredes (*Est.* 29), conocido folklorista de la Universidad de Texas, y Octavio Romano (*Gen.* 101), que, como editor de Quinto Sol, publicó la primera edición de *Estampas*. Esta intercalación de nombres conocidos aporta veracidad a los personajes ficticios, ya que si el lector puede no conocer a Epigmenio Salazar, el nombre de Américo Paredes, al menos, le suena a conocido. Sin embargo, los nombres que el autor escoge para sus personajes son nombres tan comunes que, sin hacer un esfuerzo de memoria, nos refieren a la realidad cotidiana de cualquier comunidad latinoamericana. No está demás decir que el autor insiste en escoger un poco de todo, dándonos a entender que si reconocemos a algunos de estos personajes es porque todos vivimos en el mismo mundo:

> A fin de cuentas, este mundo es como una botica: hay un poco de todo. Altos, bajos, llorones, valientes, gordos, flacos, buenos, malos, listos y pendejos, unos enclenques, otros rebosantes de salud. El escritor, sin permiso de nadie, se sale a la calle y escoge de todo un poco (*Est.* 100).

Estos personajes son los que crean la novela, los que aportan el realismo necesario para reflejar esa realidad social que determina la peculiaridad del pueblo chicano. Las incidencias, anécdotas y relatos en que participan estos personajes son escogidos y seleccionados muy cuidadosamente por el escritor para hacer brotar las características que apunten mejor al comportamiento típico del chicano. Sobre el realismo del texto aportado por los prototipos de la sociedad en contexto, estamos de acuerdo con lo que sobre ello dice Lukács:

> ... hemos dicho antes que la figura típica no es ni banal, ni excéntrica. Es necesario para que sea típica que los factores que determinan la esencia más íntima de su personalidad correspondan objetivamente a una de las tendencias importantes que condicionan la evolución social. Un escritor no logrará crear un verdadero tipo si no consigue hacer surgir orgánicamente de una personalidad—en lo que ésta tiene de auténtico y profundo—una realidad social dotada, en terreno de la objetividad, del más alto valor universal.[15]

Así pues, el realismo del texto se centra en la habilidad del escritor para crear personajes típicos del pueblo chicano cuya personalidad, comportamiento e ideología reflejan contundentemente la realidad social del grupo. Las historias, anécdotas y sucesos están relacionados por medio del colorido que cada personaje les aporta. Las circunstancias son universales, es decir, pueden darse, y se dan, en cualquier parte del mundo y en cualquier grupo o sociedad; pero se necesita a un Echeverría o a un Rafa Buenrostro para que sean apropiadas por la mentalidad del pueblo chicano. Hinojosa parte de la universalidad de las circunstancias para llegar a la particularidad de la sociedad y pueblo chicano puesto que la universalidad es vista a través del condicionamiento peculiar y particular del chicano. Los personajes son verosímiles en su tipicidad chicana a pesar de su carácter ficticio dentro del contexto novelado; sin embargo, no es tan fácil poner límites entre la realidad social y la ficción literaria, como lo indica el propio autor:

> Bien. Hasta la fecha ha habido sólo un Napoleón (o un Romeo o un Raskolnikov); los tres, en diversos sentidos, se asemejan y ¿dónde empieza y termina la ficción del primero y dónde la de los dos últimos? (*Est.* 100).

Hinojosa, lo mismo que otros escritores chicanos que escriben en español, nos presenta un segmento no idealizado del pueblo chicano. Sabemos que el autor es miembro de esa comunidad, que nació en esa misma región o espacio novelado, aunque en la obra el lugar sea ficticio. También sabemos que no salió de esa región hasta los 17 años, edad suficiente para que se produjera su condicionamiento sociocultural, y que al tener contacto con otra estructura social en otro espacio, sus experiencias tempranas y normativas se tornaron más evidentes y vivas en su memoria, atizadas por la nostalgia del mundo que lo formó. Los relatos en la obra provienen de esos recuerdos de su juventud. Su memoria rescata la historia oral de su pueblo, historia que tal vez haya oído en boca de familiares o vecinos. Pero al serle adjudicadas la sicología del chicano y su experiencia en cierto espacio, se convierte en historia literaria del chicano—historia matizada por la constante lucha por sobrevivir. Esta lucha del chicano dentro de un ambiente culturalmente hostil adquiere proporciones heroicas, como explica el autor: "La gente sospecha que el vivir es algo heroico en sí. Lo otro, lo de aguantar lo que la vida depare, también lo es. Saber mantener el tipo y no permitir que a uno se le aflojen las corvas también viene siendo, en gran parte, saber de qué se trata la vida" (*Gen.* 1). El "acto heroico por sobrevivir" se manifiesta en dos planos: el individual y el social. Luchar por la vida como individuo chicano es también luchar contra la aniquilación como pueblo. Al combinarse la historia oral del pueblo chicano con personajes típicos actuales se crea dentro del texto una fuerte dosis de realismo que nos conduce a comprender, por deducciones relativas, la realidad social del pueblo reflejado en la obra.Para mejor describir esta relación de realismo/ realidad, volvamos a Lukács:

> El verdadero realismo describe el hombre completo y la sociedad completa, en lugar de limitarse sólo a ciertos aspectos de los mismos . . . Realismo significa, pues, plasticidad, transparencia, existencia autónoma de los personajes y de las relaciones de los personajes . . . El problema estético del realismo es la adecuada reproducción artística del hombre.[16]

Para poder crear una novela y no una simple colección de estampas sin relación, Hinojosa toma varios elementos novelísticos que le proporcionan la cohesión y continuidad necesarias a su objetivo. El autor explica que a *Estampas* y *Generaciones* las llama novelas en el sentido de "algo nuevo",[17] sin incluir las tradiciones estilísticas, digamos, de la novela del siglo diecinueve. Sin embargo, a través de la obra se perciben varios elementos novelísticos tradicionales, si bien manejados en forma novedosa. Estos recursos literarios van desde los cuadros de costumbres hasta influencias de autores hispanoamericanos. El estilo costumbrista se encuentra en los relatos sobre la tradición de "pedir la mano". Ambos libros comienzan de la misma manera pero con diferente enfoque: en *Estampas* Roque Malacara pide la mano de Tere sin traer padrinos, pero cumple con la tradición; en *Generaciones* se ve el otro lado del tema—lo que sucede si no se cumple con la tradición—la necesaria boda entre Jovita de Anda y Joaquín Támez a causa de un "mal paso". Trazos de la novela picaresca se encuentran en la historia de Jehú Malacara, huérfano, aprendiz de todo con varios amos desde Víctor Peláez, el cirquero, a Tomás Imás, el misionero aleluya. Ciertos elementos cervantinos se aprecian en la intromisión del autor que da aparte explicaciones y relaciones sobre los personajes y las historias. Entre las influencias de autores hispanoamericanos encontramos cierta posible relación entre el condado de Belken y el Macondo de Gabriel García Márquez; hay otra relación entre las festividades que resultan de la muerte de Bruno Cano en *Generaciones* y la muerte de Susana San Juan en *Pedro Páramo* de Juan Rulfo, aunque el resultado en cada caso sea diferente. El empleo de estos recursos obedece a la necesidad particular del relato de cada historia y se nota que el autor tiene la habilidad artística para crear con el manejo de diferentes técnicas y estilos literarios una obra diferente pero con todas las características propias de una novela. La clasificación de esta obra como novela no radica en la originalidad de "algo nuevo" sino en lo novedoso del manejo de estilos novelísticos. Sobre esto, Hinojosa también tiene un comentario: "La originalidad, meta difícil de asir como el azogue, quizá no toque tampoco en los hombres por aquello de que de barro venimos, etc. A fin de cuentas, otra vez, somos y no somos iguales como han reconocido tantos otros" (*Est*. 100).

En contraste con las "novelas sociológicas" del siglo diecinueve, como las de Balzac, "Clarín" y Pérez Galdós, la obra de Hinojosa no se expone a delatar lacras sociales ni busca la vindicación de valores reprimidos o ideales quiméricos no alcanzados. Por el contrario, Hinojosa propone "que todo está bien" en la sociedad chicana novelada y que lo que hay que hacer es preservarla. Aun así, la política, la protesta y la demanda están en dos planos de la obra, si bien estos elementos no se presentan como temas principales. La política que hay dentro de la obra se encuentra en la demostración de la desigualdad que opera entre la sociedad chicana y la sociedad anglosajona, como en el caso de Choche Markham y Van Meers. En otro plano, la obra misma es un acto político implementado por medios culturales. La protesta está implícita en el hecho de representar a un pueblo al que se le tiene subyugado dentro del crisol de la sociedad americana; a la vez, la obra misma es una protesta contra el intento de americanización del chicano.

Sin embargo, no se puede considerar que la obra de Hinojosa sea política o de protesta porque no está de acuerdo con tales categorías. Una novela de tesis y de protesta social, como *Peregrinos de Aztlán* por ejemplo, puede hacernos rechazar la sociedad que condena si la crítica se esfuerza en explicar y demostrar los rasgos negativos de la sociedad dominadora. Este no es el caso de la obra de Hinojosa, puesto que la sociedad opresiva, o sea la anglosajona, aparece marginalmente y más por omisión que por alusión. El tono discreto de protesta se aprecia más al contrastar los dos modos de vida, como cuando el narrador comenta:

> Los bolillos (los anglosajones) están, como quien dice, al margen de estos sucesos. A la raza de Belken, la gringada le viene ancha; por su parte, la gringada, claro es, como está en poder, hace caso a la raza cuando le conviene: elecciones, guerra, susto económico, etc. (*Gen.* 1).

En contraste: Cuando el sol baja y los bolillos dejan sus tiendas, el pueblo americano se duerme para no despertar hasta el día siguiente. Cuando el sol baja y la gente ha cenado, el pueblo mexicano se aviva y se oyen las voces del barrio... (*Est.* 34).

También hay autocrítica que se puede tomar como protesta de su condición: "¡*Raza pendeja!* Por eso nunca subimos" (*Gen.* 11).

La obra de Hinojosa, como ya hemos dicho, tiene su génesis en la misma sociedad que describe y el objetivo del autor es devolverle a ésta las novelas para su propio consumo, análisis y distribución. El sujeto y el objeto se relacionan por medio del compromiso adoptado por el autor al crear un documento socioliterario que partiendo del sujeto (comunidad chicana) como co-creador del objeto (libro) convierte al acto de escribir en un acto sociocultural. La realidad social no sólo es reflejada por medio del texto sino que también es comprendida en el acto creador que produce tal obra.

Un estudio de estos textos que se basa solamente en la visión literaria que el autor tiene de las relaciones entre realismo y realidad, texto y contexto, obra y sociedad, deja varias lagunas. Sin embargo, nuestra intención ha sido primordialmente hacer un estudio de la obra que nos ayude a comprender uno de los objetivos del autor al querer representar a su pueblo, y evaluar el resultado en relación con su compromiso social.

Contexto: Picaresca chicana

La sociedad novelada en la obra de Hinojosa es el pueblo chicano en general y, en particular, la comunidad chicana del valle bajo del Río Bravo en Texas. Decir que este segmento del pueblo novelado es representativo de todo el pueblo chicano es negar pluralidad y experiencia espacial a los demás grupos integrantes de este pueblo. Sin embargo, dentro de esta comunidad específica existen experiencias colectivas, tales como la historicidad, la herencia común y el condicionamiento social al margen de una sociedad dominante. Estos elementos enlazan a todos los integrantes del pueblo ya sea que se encuentren en Chicago, Texas o Los Angeles. Como hemos informado, en toda obra escrita por autores chicanos que escriben en español se ha empleado algún segmento del pueblo chicano como protagonista colectivo e indicador de una conciencia social indiscutiblemente chicana. Al ir juntando las diferentes obras que nos ofrecen varias perspectivas del mismo pueblo—*Tierra, Peregrinos, El diablo en Texas, Caras viejas* y la obra de Hinojosa—se va perfilando un mosaico comprensivo del pueblo chicano, aunque habrá que esperar futuras perspectivas para obtener algún día el cuadro completo.

Lo que importa por el momento es percibir la dinámica de esta sociedad que produce elementos nuevos que la apoyan en su lucha por la supervivencia y la continuidad. Estos elementos son los escritores que la describen, que documentan su historia y que crean nuevos valores por medio de mitos necesarios para su unidad cultural y social. Los chicanos del condado de Belken son personajes de ficción, y habría que preguntarse si reflejan la realidad social de los chicanos del sur de Texas. La creatividad artística de todo autor no surge en el vacío; su ideología, su percepción del mundo y sus tendencias individuales están condicionadas por la sociedad a la que pertenece y siempre se encontrará un reflejo mutuo entre la sociedad novelada y el acto social de la creación literaria. Este reflejo puede apoyar los valores y la visión del mundo de dicha sociedad, o puede fomentar la rebelión o destrucción de dichos valores.

El escritor se sale de sus contornos para poder visualizar la sociedad que describe empleando la perspectiva individual, ya sea artística o científica, que le permita captar los elementos que la componen: historia, comportamiento, valores. Este aparente determinismo se desliga de sus leyes generales gracias a la visión y creatividad individual del escritor que transforma una realidad social en una obra artística y personal. Sobre este determinismo Leocadio Garaza escribe:

> El escritor no es un mero producto de la sociedad en que vive, sino que trata de atrapar su esencia y verterla en formas perdurables con los medios de su propio arte. De su intuición y su destreza dependerá la aproximación a la síntesis suprema que hace sensible la idea y remonta a lo absoluto lo histórico contingente.[18]

La esencia que se quiere atrapar en la obra de Hinojosa es *lo chicano*, determinado por su visión del mundo, su comportamiento y su medio. Este ingrediente, lo chicano, hace que los personajes creados por el autor fijen una diferencia social y cultural que aporte identidad al pueblo chicano en relación con los demás pueblos latinoamericanos con los cuales se entronca y enlaza radicalmente. *Estampas* y *Generaciones* relacionan la historia social de este pueblo con las contingencias históricas de los Estados Unidos y México, reestableciendo de esa manera una correspondencia mutua entrelazada por la Revolución Mexicana, las guerras mundiales y Corea.

Hinojosa observa que la mayoría de los habitantes del valle son descendientes de la expedición de Escandón, que salió de Querétaro y fue recogiendo gente por Coahuila, Nuevo León y Tamaulipas, hasta llegar al valle en 1747. Los nombres de sus personajes son nombres que se encuentran en estas regiones, por lo general provincianos y no urbanos.[19] Los descendientes de esa expedición nunca han sentido la división del Río Bravo, ni antes ni después de que se produjera la división política entre ambos países. Hinojosa nos informa de esto en el texto:

> Como la tierra era igual para los mexicoamericanos dada la proximidad a las fronteras y el bolón de parientes en ambos lados que nunca distinguieron entre tierra y río, que el atravezar la una y cruzar el otro lo mismo era, fue y (aunque los de la inmigración— la migra—no lo crean), sigue siendo igual para muchos mexicoamericanos . . . la raza, pues, hacía lo que le daba la gana con su vida (*Est*. 105).

"La raza" (el pueblo chicano) parece desligarse de convenciones políticas que tienden a separarla y a fraccionarla en mexico-americanos. En relación con la raza, Hinojosa destruye varios mitos y crea otros. Para conseguir esto, el autor nos lleva como el Diablo Cojuelo sobre el condado de Belken: Flora, Bascom, Jonesville-on-the-River y Klail City. Los alrededores de Klail City incluyen lugares verdaderos fuera del condado, como pueblos en Colorado, Wisconsin y Oklahoma, lugares que se encuentran realmente en el mapa. Si el condado de Belken es mítico, sus alrededores no lo son. La raza habita en ambos lugares. Hinojosa, al igual que la mayoría de los chicanos, emplea el término "raza" en el sentido determinista de Taine, que Leocadio Garaza define así:

> Por *raza* no entendía Taine las divisiones de la especie humana por su pigmentación o su ángulo facial, sino los rasgos generales dominantes que distinguen a un pueblo de los demás y de los cuales adquiere conciencia precisamente a través de su arte y literatura.[20]

El mito de la invisibilidad del chicano es destruido precisamente por medio de la obra literaria, la cual produce esa sociedad antes ignorada. La raza, el pueblo chicano, vive a través de Echeverría, de Viola Barragán, de Jehú Malacara y Rafa Buenrostro, personajes trazados con las características de un pueblo que se autorrefleja en ellos. Otro de los mitos destruidos es el de la incapacidad del chicano de educarse o de llegar a ser profesional. A pesar de una vida picaresca como la de Jehú, este personaje sostiene ideales sobre la importancia de la educación. Al destruirse ese mito se crea otro: la capacidad del chicano para determinar su vida. Rafa Buenrostro, al contarnos su vida por medio de recuerdos atemporales, se despide diciendo: "Me voy a Austin; a la universidad. A ver qué sale. No voy a desperdiciar el G.I. Bill como mi hermano Ismael que se casó y se jodió: Pueblo nuevo, vida nueva. Veremos" (*Est.* 163).

Una de las funciones del arte literario es el de crear nuevos mitos para la definición y continuación histórica que aporte identidad a la sociedad. La obra de Hinojosa hace exactamente eso. El autor le devuelve a la sociedad novelada el texto resultante de su compromiso con ella. El autor cumple con su función social al escribir y documentar literariamente la sociedad del contexto sin desligar de ella a la obra. Al unir el texto con el contexto se establece una relación de función social, actividad que parte de la sociedad y vuelve a ella:

> El arte es social no sólo por surgir de una sociedad determinada, ni por aspirar a sacudirla con sus creaciones, sino por encerrar en su propio seno una vocación social, por residir su naturaleza y su razón de ser en la armonización de lo discorde en aras de la solidaridad social.[21]

Esta cita de Leocadio Garaza se extiende a otras de sus observaciones: "La emoción artística es pues esencialmente social. Su resultado es ampliar la vida individual haciéndola confundirse con una vida más vasta y universal."[22] Hinojosa amplía la vida del pueblo chicano identificándolo con lo universal por medio de la documentación de sus tradiciones, valores y comportamiento; cumple con esto una finalidad que se extiende más allá de su compromiso inicial. Al devolver el texto el autor cumple con su compromiso; pero la obra, al llegar a la sociedad, empieza a hacer girar un engranaje que la convierte en parte de otras funciones sociales que amplían su alcance con otras características importantes.

Contratexto: Una dialéctica social

Al ser premiada internacionalmente, la segunda obra de Hinojosa, *Klail City y sus alrededores (Generaciones y semblanzas)*, despierta cierto interés literario fuera de las fronteras del mundo chicano. A pesar de que algunos escritores tenían como meta primordial escribir para el pueblo, la obra de Hinojosa destruye el mito y le abre a la literatura chicana reconocimiento dentro de la literatura universal. Ya no se puede hablar de dicha literatura en términos herméticos entendidos solamente por el lector y la crítica chicana. Esta crítica tiene que contender ahora con la crítica internacional y comparar sus estudios con otros de diferente perspectiva sociocultural. Lo que perseguimos en este análisis es medir y evaluar el impacto que la obra de Hinojosa produce en el mismo autor y en la sociedad para la cual fue escrita. Hasta Hinojosa, ningún autor chicano que escribe en español había sometido su obra a certámenes latinoamericanos. Podríamos deducir varias hipótesis sobre el caso, pero el hecho de que un escritor chicano se haya medido con la literatura hispanoamericana y haya salido premiado es un acto que crea profundos efectos en la literatura chicana en cuanto a la reevaluación interna de direcciones y metas. Con este hecho, la literatura chicana sale de casa, madura y confiada, a medirse con las demás. Hinojosa nos dice que se informó sobre el certamen mientras viajaba en Suiza y decidió competir "a ver qué pasa".[23] Lo que pasó ya es historia literaria; las consecuencias se verán por muchos años.

El resultado inmediato está manifiesto en la "devolución del texto" a la sociedad co-creadora. Esta devolución resulta en una dialéctica entre texto y sociedad que se puede decir es un primer paso en el compromiso y objetivo del autor. La primera obra, *Estampas*, sale al mercado ya premiada por Quinto Sol; la segunda, *Klail City*, es publicada en Latinoamérica precedida por un reconocimiento internacional. En *Estampas*, el pueblo chicano se reconoce a sí mismo; gracias a *Klail City*, el pueblo chicano es reconocido por el mundo. Es significativo que la literatura, como producto social, sea la que más reconocimiento ha dado al pueblo chicano fuera de sus límites nacionales. Los límites se habían impuesto anteriormente por el alcance sociopolítico del pueblo chicano fuera del grupo. Su literatura, pues, se convierte en uno de los elementos sociales más importantes para darlo a conocer.

El libro, al llegar a la sociedad, se convierte en un mecanismo de "fusión" que ayuda a unificar varios elementos sociales del grupo todavía dispersos: historia, sociología y lengua. Se convierte, al mismo tiempo, en mecanismo de "expulsión" al integrar la visión del mundo chicano y su identificación, excluyéndolo, de esa manera, del concepto estereotipado de la *mass media*. Las funciones que el libro proporciona a la sociedad las resume Pérez Gallego:

    a) El libro como método de conocimiento.
    b) El libro como creador de mitos.
    c) El libro como parte de la biblioteca.
    d) El libro como propaganda.
    e) El libro como indicador social.[24]

Este resumen nos da una visión del alcance del libro dentro de la sociedad a la cual fue destinado. Sin embargo, también tenemos que evaluar su "asimilación" por dicha sociedad. Pongamos en primer plano la comprensión de la obra. Para esto tenemos que acudir a la crítica como única fuente de información capacitada y por ser su función la evaluación de la obra en términos estéticos y sociales. En cuanto a la sociedad chicana, tenemos que aceptar primero su condición bilingüe, es decir, el que sus obras literarias se escriben en inglés y en español. Esta dualidad nos lleva a proponer que la realidad social del grupo es vista con diferentes enfoques condicionados por elementos culturales inherentes a cada sistema lingüístico. Estos dos puntos de vista tienen que llegar a un plano de enfoque en el cual las dos perspectivas coincidan en una misma visión. Por un lado, en las obras escritas en inglés se encuentra que el conflicto chicano-anglosajón es más abierto y problemático que el de las obras escritas en español, que tienden a sobrepasarlo explícitamente. El conflicto en las obras escritas en español se encuentra interiorizado; en vez de exteriorizar la fricción anglo-chicana se percibe un acercamiento entre lo chicano y lo mexicano. Un estudio sobre esta literatura binaria del chicano sería sumamente fructífero; sin embargo, hemos hecho alusión al caso en este estudio solamente como fondo de información y de consideración, ya que a veces este conflicto se entiende de una o de otra manera exclusivamente.

En cuanto a una evaluación de la obra en términos sociales, la crítica se detiene en lo obvio: la reproducción realista de la sociedad chicana. El estilo humorístico de *Estampas* se torna en "humor grave" según Teresinha Pereira:

> El estilo de Hinojosa es más serio, más tirado al realismo socialista, no provoca ganas de reír sino despunta rencor contra las condiciones culturales chicanas, su pobreza e ignorancia . . . es que él [el libro] representa más un examen de conciencia del chicano y junto a él toda su gente en el valle, que una sola autobiografía.[25]

Charles Tatum, sin embargo, hace alusión a lo social en forma pasajera: "It was not unexpected that the social aspect of the novel should be mentioned; after all, Casa de las Américas is an official organ of the Cuban revolutionary government and the judges tend to share its commitment to social change."[26] Elementos socioculturales como la tradición e historia oral son repetidamente mencionados como ingredientes sobresalientes en la obra. Marvin Lewis dice: "Thus oral tradition is of primary importance in relaying information to the reader... In the section 'Echeverría tiene la palabra' much of the region's past history is transmitted orally."[27] Tatum continúa: "It seems to be the author's intent to create, in the place of specific time and place, the traditions and values that his Spanish-speaking community has shared for many generations and at least for as long as any of the characters in the novel can remember."[28] Y en lo histórico, Luis María Brox dice en su interesante estudio: "La afirmación en la historia no va a ser solamente algo de carácter familiar cotidiano, sino que va a estar íntimamente unida a la historia social."[29]

El tema de la obra de Hinojosa que la crítica insiste en subrayar es el de la existencia del pueblo chicano visto en sus dos aspectos humanos, positivos y negativos, y en la cual "the latter greatly overshadows the former".[30] Esta conclusión sobre los aspectos negativos del carácter humano en la obra fue expresada por Marvin Lewis, cuya opinión parece estar basada en su propia visión moral extendida a los personajes de la obra. La lucha que el chicano ha sostenido a través de su historia para sobrevivir no se puede medir por un sistema moral que no reconoce las causas o motivos que engendran ciertos actos antisociales, como en el caso de la muerte de Ernesto Támez en "Por esas cosas que pasan" de *Estampas*. "El precio que el chicano ha pagado para mantener su cultura", escribe Luis Leal, "ha sido exorbitante... Sin embargo, uno de los medios de que se ha valido para hacerlo ha sido la literatura, creadora de imágenes."[31]

En el terreno de la creación literaria, o sea en el de la labor artística, la crítica le confiere a Hinojosa "madurez" (Tatum), originalidad "en el estilo narrativo" (Pereira) y habilidad como "manejador del tiempo" (Rodríguez). Marvin Lewis comenta:

> In this work Hinojosa sets high literary standards for which subsequent authors must strive. With *Generaciones y semblanzas* the author has established himself as an international writer of the first order and has helped to elevate Chicano fiction from its regional appeal to its rightful place among World Literatures.[32]

Hinojosa mantiene su compromiso con la tradición de su pueblo al seguir escribiendo sobre el condado de Belken y sus personajes. Su obra, aparte de reconocimiento internacional y premios literarios, le ha traído satisfacción como escritor y como documentador de su pueblo. Su labor académica va a la par de su creación literaria, siendo Hinojosa uno de los pocos escritores chicanos que desempeñan altos puestos académicos, y esto debido en parte a su labor literaria y al incansable acercamiento a su pueblo por medio de lecturas, conferencias y visitas que frecuentemente hace al condado de Hidalgo (Belken). Hinojosa dice que produce literatura como documentación social y que al describir la experiencia chicana se ve en la obligación de retener para siempre algo de su propio pasado, de la experiencia que le fue conferida por la generación anterior.

Conclusión

Hemos trazado una trayectoria que vincula al autor y su obra con la sociedad a que pertenecen. Este tipo de estudio requiere todavía más profundidad en cuanto a elaboraciones explicativas de las teorías sobre el estudio sociológico de la literatura. Cuando dijimos al principio que estábamos conscientes de ciertos peligros al emplear esta trayectoria crítica, lo hacíamos con la sospecha de crear posibles lagunas que impidieran una comprensión explícita. Por esta razón el estudio de la obra de Hinojosa parecerá inconclusa en cuanto a la exclusión de un análisis literario que enlace la obra estética con la obra social. Tomando esto en cuenta, nos hemos limitado a la teoría de Martín-Santos sobre la función de la literatura:

> La literatura tiene dos funciones bien definidas frente a la sociedad. Una primera función relativamente pasiva: la descripción de la realidad social. Otra función especialmente activa: la creación de una Mitología para uso de la sociedad.[33]

Dentro de esta teoría hemos situado la obra de Hinojosa, la que obviamente cumple tales funciones. Otra trayectoria que hemos tomado ha sido la de crear una dialéctica entre el texto y el contexto. Hemos partido de la sociedad a explorar la vida y condicionamiento del autor para después volver a la sociedad. Esta circularidad pretende relacionar el producto social (el autor) con la actividad social (la obra), con el objeto de dar una visión total de un hecho sociohistórico. La obra de Hinojosa acrecienta la historia social del pueblo chicano al dejar un documento que autentifica su existencia y asegura su continuidad. Al mismo tiempo la obra se entronca en la historia de la literatura chicana y universal como testimonio del talento literario de un individuo y de un grupo social.

CONCLUSION

Al trazar la trayectoria de los escritores chicanos que escriben en español y al haber estudiado sus obras, no puede uno más que percibir claramente que existen varios elementos análogos dentro de las obras así como un paralelismo en las vidas e ideologías de los autores. Como se expuso en la introducción, este estudio trata de relacionar el compromiso del autor con su obra y ésta con el pueblo del cual partía. Hecho esto, las relaciones encontradas se suceden en cada obra como si el grupo compuesto de estos cinco escritores hubiera acordado de antemano perseguir idénticos ideales y propósitos. Sin embargo, los métodos y técnicas literarias empleados han sido variados, experimentales y novedosos.

A continuación damos las relaciones encontradas en cuanto a los cinco autores:

1. Todos los escritores son nativos y residentes del suroeste de los Estados Unidos, o sea, la región que México cedió en la guerra méxico-americana y que hoy los chicanos denominan como Aztlán. Miguel Méndez nació en Sonora pero reside desde joven en Tucson, Arizona, y Aristeo Brito nació en Ojinaga, Chihuahua, pero se cría en Presidio, Texas, al otro lado del río.

Esta relación no es coincidencia, pues esta región americana es la que más retiene las tradiciones mexicanas por haber pertenecido a la tradición hispánica. La fuerte adherencia a la lengua española ayuda a mantener las tradiciones socioculturales que definen a este pueblo como algo particular dentro de la aglomeración de pueblos que se encuentran en la unión americana. Aún hay que esperar a que un chicano fuera de esta región, digamos de Chicago o Detroit, escriba una novela en español para poder apreciar los lindes de la cultura hispánica y su lengua en los Estados Unidos. A pesar de que Brito haya nacido en Ojinaga y Méndez en Sonora, los dos se consideran chicanos: Brito, tejano y Méndez de Arizona.

Tomás Rivera y Rolando Hinojosa son ambos de Texas y Alejandro Morales del este de Los Angeles. Lo curioso es que todavía no haya salido de Nuevo México, la región hispánica más antigua del suroeste, un novelista de primera magnitud que escriba en español.
  2. Todos escriben sobre sus propias regiones, o sea, en donde pasaron su juventud. Estos escritores recrean lugares, revivifican personajes y reflejan las tradiciones que tuvieron influencia en sus años formativos y que les impresionaron hondamente en su carácter y modo de ver el mundo de la experiencia chicana. Para Rivera las familias migratorias son las que más recuerda por haber pertenecido a ellas; el condado de Hidalgo en Texas y sus personajes es el tema constante de Hinojosa. Presidio, su historia y sus mitos, es la preocupación de Brito, mientras que los desamparados y oprimidos por los dos sistemas sociopolíticos de la frontera es el enfoque de Méndez. Morales centra sus experiencias sobre la juventud desorientada de las grandes urbes tomando como ejemplo su propia juventud en un barrio de Los Angeles. Por medio de esta diversidad, empezamos a conocer al pueblo chicano, que se revela multifacético, diverso, pero a la vez unificado por elementos fuertemente indicativos de una herencia hispánica. La pluma de estos autores analiza con elementos de realismo social a un pueblo desconocido aun por ellos mismos para llegar a la médula de su existencia: valores, lengua, tradiciones, y lo más importante, la razón de su supervivencia.
  3. La documentación de la historia por medio del arte literario es una preocupación central en todos los autores. Al valerse de la tradición oral, los cuentos de familia y las leyendas regionales, los escritores han relacionado estos elementos con datos y eventos históricos que han investigado en los archivos civiles, en las hemerotecas estatales y aun por medio de entrevistas personales con los ancianos del pueblo. De esta manera surge una perspectiva histórica sobre un pueblo que ha sido casi invisible en las historias oficiales.
  4. Todos emplean el español (en su clasificación español chicano) como lengua literaria. Los autores mantienen que al emplear el español como lengua literaria contribuyen a la preservación de la lengua y cultura chicana y, por ende, la hispánica. El escribir en español empleando la expresión popular y regional del chicano es un compromiso personal de parte de cada uno de ellos porque sienten que ese es el único medio para representar fielmente al pueblo chicano y su universo.
  5. Todos ellos pertenecieron a la clase social a la cual novelan. Rivera y Brito se empleaban como trabajadores agrícolas en sus

respectivas regiones, Méndez fue albañil y trabajador del campo y Morales perteneció a las pandillas juveniles del este de Los Angeles. Hinojosa vivió en el condado de Hidalgo y no salió de allí hasta los 17 años. Este hecho de novelar su propia clase o estrato social aparta a estos escritores de aquellos que tratan de escribir sobre una realidad de la cual no forman parte y que por consiguiente nos ofrecen en sus obras una realidad deformada.
6. El compromiso de estos autores no les permite explotar el comercialismo literario. No buscan la remuneración económica al publicar sus obras; la meta que persiguen es social y artística. El empleo del español como lengua literaria les impide perseguir el comercialismo denro de su propio país. Ellos quieren tener la libertad para experimentar literariamente con un arte que esté estrechamente relacionado con la libertad cultural y lingüística del pueblo chicano.
7. Las influencias literarias observadas en sus obras o personalmente admitidas obedecen a su entrenamiento dentro de las letras hispánicas al haber cursado sus carreras dentro de departamentos de español. Sin embargo, admiten influencias de escritores experimentales, encontrándose entre ellos más influencias de autores latinoamericanos y europeos que de los novelistas norteamericanos. Las influencias más predominantes son: Juan Rulfo, Miguel Angel Asturias y José Revueltas en Brito; Juan Rulfo en Rivera; Carlos Fuentes en Méndez; Mesonero Romanos y la novela picaresca en Hinojosa; Alain Robbe-Grillet, Camilo José Cela y Juan Goytisolo en Morales. Todos admiten influencias de John Dos Passos y James Joyce.
8. Todos ellos son profesores de literatura hispanoamericana y chicana: Rivera en la Universidad de California en Riverside; Brito y Méndez en Pima College y en la Universidad de Arizona; Hinojosa en la Universidad de Texas, Austin (donde acaba de trasladarse) y Morales en la Universidad de California en Irvine.

Además de estas semejanzas, este grupo de novelistas chicanos se distingue por ser el que más galardones literarios ha ganado en el área nacional e internacional y es el grupo con más probabilidades de dar a conocer la literatura chicana en el mundo hispánico.

En cuanto a las obras hemos encontrado lo siguiente:
1. La temática invariable de estas obras es el pueblo; el pueblo en su totalidad, pero ningún individuo en particular.

Las obras hacen vivir activamente al pueblo. Lo describen y lo definen en un momento histórico para las generaciones venideras por medio de la historia latente pero indocumentada de todos los sectores y estratos sociales que lo componen. Al recoger las historias, anécdotas y eventos del sector migratorio, Rivera nos revela un pueblo sufrido, aguantador pero en constante rebeldía no sólo contra su propia situación social sino también contra la opresión divina. Hinojosa rescata la tradición oral, el comportamiento y el sentir de un pueblo, dándonos a destajo personajes vibrantes y multidimensionales que en conjunto forman el mosaico de un pueblo. Brito nos lleva a la historia interna, la historia sicológica de un pueblo que revela la razón de ser de su propia condición. Méndez nos descubre el mundo de los despreciados para quienes no existe ni la justicia social ni la divina porque son pobres, prietos o indígenas. En su obra este autor nos trae una visión tercermundista al relacionar el microcosmos de la frontera con otros pueblos de condición similar. La realidad social y tremendista de Morales rasga al desnudo las pasiones intensas de una juventud perdida y desilusionada entre la afluencia urbana del pueblo anglosajón. En conjunto, el pueblo se va perfilando poco a poco en estas obras: los campesinos, los coyotes, la gente común, la juventud, etc.. El autor hace resaltar el contraste que existe entre ellos y el pueblo americano anglosajón, que sólo aparece marginalmente para realizar la identidad del pueblo chicano.

2. La técnica en todas estas obras es fragmentaria y experimental. Para poder abarcar al pueblo en su totalidad y en su diversidad, ha sido necesaria la experimentación y, como requisito, la fragmentación. Esta técnica fragmentaria va desde una sencillez expresiva (Hinojosa) hasta una complejidad comprometedora (Brito) en la que se requiere la inmersión y colaboración del lector. Morales incorpora la teoría literaria objetivista de Robbe-Grillet con elementos cinematográficos, y Méndez convierte un maremagnum de personajes y vidas en un acertado mosaico literario en el que las historias y sus protagonistas se funden en una gran visión.

3. Las obras de estos autores son fuertemente autobiográficas. Al haber estudiado sus vidas hemos encontrado numerosas relaciones entre sus experiencias y lo que escriben; existen desdoblamientos como en la obra de Hinojosa e intromisiones de autor como en el caso de Méndez. Sus experiencias personales así como las personas con quienes convivieron en su juventud aparecen de un modo u otro en las obras, confiriéndoles, en esa forma, un carácter documental y personal.

4. El lenguaje en estas obras refleja fielmente el habla de los diferentes sectores del pueblo chicano. Méndez duplica la jerga fronteriza y el caló del pachuco, Brito el dialecto "Tex-Mex" y el

inglés tejano, Morales el caló del bato loco urbano, Rivera el regionalismo sencillo del habla popular e Hinojosa una expresión bastante mexicana y expresiva del valle bajo del Río Bravo. El español chicano así se revela en sus componentes. No hay fronteras lingüísticas para estos escritores que encuentran una vitalidad expresiva en su propia lengua. Estas obras escritas en español por autores chicanos son un retorno a las olvidadas raíces americanas. Si bien la mayoría de las literaturas hispanoamericanas lo han experimentado, la literatura chicana, en su natural trayectoria, nos recuerda estas raíces una vez más. En estas obras existe una franca intención de renovar el lenguaje ya caduco y estático que predomina en ciertas literaturas hispánicas, principalmente la peninsular, debido a la cimentación regulatoria del lenguaje académico. Este nuevo tipo de americanismo literario tiende a no ser considerado como parte del mundo hispánico y sus letras, pero históricamente toda literatura nacional ha pasado por tales etapas y los autores chicanos lo reconocen. Sin embargo, los galardones literarios que han recaudado estas obras chicanas en el campo internacional son testimonios de una pujante y creciente conciencia sobre el chicano y su literatura.

NOTAS

Introducción

[1] Joseph Sommers, "From the Critical Premise to the Product: Critical Modes and their Applications to a Chicano Literary Text", *New Scholar*, 6 (1977), pág. 51.

[2] Cándido Pérez Gallego, *Literatura y contexto social* (Madrid: Sociedad Española de Librería, S.A., 1975), pág. 85.

[3] Sommers dice: "The role of the critic is to challenge both the writer and reader to question the text for meaning and values (which are inseparable from its formal disposition), and to situate this meaning and these values in a broad cultural framework of social and historical analysis" (pág. 62).

[4] Pérez Gallego comenta: "Aquí es donde el análisis se hace sociología de la literatura, cuando decimos 'restituir el camino autor-lector' " (pág. 164).

[5] El término *pretexto* proviene de Sommers; los conceptos de *contexto* y *contratexto* provienen de Pérez Gallego.

[6] La idea de *pretexto* proviene de un postulado de Joseph Sommers sobre la trayectoria del autor: ". . . to identify the issues and the contentions of the historical experience to which the author responded, and to analyze the quality and the content of the cultural atmosphere in which he was active at the time of literary productivity" (pág. 70).

[7] Estos condicionantes provienen de la sociedad a la que pertenece el autor, en este caso la sociedad chicana que lo condiciona dentro de sus normas culturales tradicionales.

[8] Pérez Gallego emplea el término *supertexto* para explicar este concepto (pág. 75).

[9] Según Pérez Gallego, este punto de vista puede tener sus peligros: "La mutua relación entre literatura y sociología nos advierte que cualquier comportamiento en una de ellas puede buscarse en la otra" (pág. 99).

[10] Estos documentos están a la disposición del público en el Departamento de Learning Resources y por medio del Centro de Estudios Chicanos de la Universidad de California en Santa Bárbara.

[11] Los libros estudiados para documentar la historia y condición social del pueblo chicano se encuentran dentro de la bibliografía general.

Capítulo I

[1] Tomás Rivera, "Life in Search of Form", conferencia presentada en Chicano

Studies 181, "La Novela Chicana", Universidad de California en Santa Bárbara, mayo, 1977.
[2]Ibid.
[3]Juan: Cap. I:I.
[4]José Antonio Villarreal, *Pocho* (New York: Doubleday and Company, Inc., 1969); Floyd Salas, *Tattoo the Wicked Cross* (New York: Grove Press, 1967); Raymond Barrio, *The Plum Plum Pickers* (Sunnyvale, California: Ventura Press, 1969); Richard Vásquez, *Chicano* (Garden City, New York: Doubleday, 1970).
[5]Véase Juan Bruce-Novoa, "Entrevista con José Antonio Villarreal", *Revista Chicano-Riqueña*, 4, 2 (1976), 40-48.
[6]Paulo Freire, *Pedagogía del oprimido* (México: Siglo XXI Editores, S.A., 1973), pág. 157.
[7]Ibid., pág. 85.
[8]Salvador Rodríguez del Pino, "El compromiso social de Tomás Rivera", entrevista con Tomás Rivera, agosto, 1978.
[9]Ibid.
[10]Arturo Islas, "Writing from a Dual Perspective", *Miquiztli* (Stanford University), 2 (winter 1974), pág. 2.
[11]Salvador Rodríguez del Pino, "Encuentro", entrevista por televisión con Tomás Rivera, Center for Chicano Studies, University of California at Santa Bárbara, 23 noviembre 1977.
[12]Tomás Rivera, . . . *y no se lo tragó la tierra* (Berkeley: Quinto Sol Publications, 1971). Todas las citas son de esta edición. Todo subrayado en las citas es nuestro.
[13]Herminio Ríos, "Introducción", . . . *y no se lo tragó la tierra*, pág. xiii.
[14]Juan Rulfo, *Pedro Páramo* (México: Fondo de Cultura Económica, 1973), pág. 61.
[15]Rodríguez del Pino, entrevista con Tomás Rivera.
[16]Raymond Barrio emplea por primera vez en una novela chicana este tipo de arreglo bilingüe. Por ejemplo, en *The Plum Plum Pickers*: "Nobody is home," cried Lupe. "Par de idiotas" (pág. 81).
[17]Gyorgy Lukács, *Sociología de la literatura* (Barcelona: Ediciones Península, 1966), pág. 85.
[18]Véase Alfonso Rodríguez, "Time as a Structural Device in Rivera's . . . *and the earth did not part*", ponencia presentada en el congreso del MLA, Chicago, 1977.
[19]Véase Stan Steiner, *La Raza: The Mexican Americans* (New York: Harper Colophon Books, 1969).
[20]Albert Memmi, *The Colonizer and the Colonized* (Boston: Beacon Press, 1972), pág. xvi. La traducción es nuestra.
[21]Véase Juan Rodríguez, "Acercamiento a cuatro relatos de . . . *y no se lo tragó la tierra*". *Mester*, 5, 1 (1974), 16-24.
[22]Oscar Urquídez Somoza, "Grados de dependencia colectiva en . . . *y no se lo tragó la tierra*". Estudio inédito.
[23]Esta es una alusión a la ambición social del pueblo en el cuento "El retrato": "Siempre traían camisa blanca y con corbata y así se veían más importantes y la gente les creía todo lo que decían y les ofrecían el pase a la casa sin pensarlo casi Yo creo que hasta anhelaban, *por debajito*, que sus hijos llegaran a hacer eso algún día" (pág. 136, subrayado nuestro).
[24]Entrevista citada.
[25]Véase las reseñas sobre *Tierra* de Seymour Menton, *Latin American Literary*

Review, 1, 1 (fall 1972), 111-15, y Don Whitmore, *South Central Bulletin*, 33, 3 (October 1973), 160-61.
[26]Entrevista citada.
[27]Ibid.
[28]Ibid.
[29]Ibid.
[30]Entrevista personal con Alurista grabada en noviembre, 1977.

Capítulo II

[1]Miguel Méndez, "Tata Casehua", *El Grito* (Berkeley: Quinto Sol Publications), II, 2 (summer 1968). "Tata Casehua" y "Taller de imágenes, pase" aparecieron juntos en la antología *El Espejo* (Berkeley: Quinto Sol Publications, 1969), pp. 30-74.

[2]Justo Alarcón, reseña de *Peregrinos de Aztlán*, *Mester* (UCLA), V, 1 (noviembre de 1974), 61-62.

[3]Ibid.

[4]Juan Rodríguez, reseña de *Peregrinos de Aztlán*, *Revista Chicano-Riqueña*, II, 3 (verano 1974), 51-55.

[5]Véase la editorial en *Daily Camera* (Boulder, Colorado), Friday, February 23, 1979, pág. 14.

[6]Edward Simmen, "Introduction", *The Chicano: From Caricature to Self-Portrait* (New York: New American Library, 1971), p. 25.

[7]Salvador Rodríguez del Pino, "Encuentro", entrevista por televisión con Miguel Méndez, Center for Chicano Studies, University of California at Santa Barbara, 1977.

[8]Ibid.

[9]Miguel Méndez, "Sobre *Peregrinos de Aztlán*", *Fomento Literario* (Washington, D.C.: Congreso Nacional de Asuntos Literarios), I, 3 (invierno, 1973), 62-65.

[10]La Editorial Peregrinos se fundó en Tucsón, Arizona, en el año de 1973.

[11]Juan Rodríguez, reseña citada.

[12]Juan Rodríguez explica: "Al mirar la portada de la recién aparecida novela chicana, *Peregrinos de Aztlán* de Miguel Méndez, recordamos el precioso y aciago mural, 'América Tropical', que en 1932 pintara el gran David Alfaro Siqueiros en la pared de un edificio situado en el centro del barrio chicano de Los Angeles, California. El mural fijaba a un hombre de piel canela, clavado a una cruz doble sobre la cual posaba un águila rabiosa. El crucificado, es perogrullada afirmarlo, representaba al americano—en su preciso y debido sentido—hollado por el ave rapiña que, si bien representaba el gobierno norteamericano en particular, en general simbolizaba el sistema capitalista" (ibid., pág. 51).

[13]La otra novela es *El diablo en Texas* de Aristeo Brito (Tucsón: Editorial Peregrinos, 1976).

[14]Miguel Méndez, "Prefacio", en *Peregrinos de Aztlán* (Tucsón: Editorial Peregrinos, 1974). Todas las citas de la obra son de esta edición.

[15]Juan Rodríguez, reseña citada.

[16]Ibid.

[17]Véase Ovid Demaris, *Poso del mundo* (New York: Pocket Books, 1971).

[18]Ibid., pág. 155.

NOTAS 147

[19]Carlos Monsiváis, "La cultura de la frontera", conferencia presentada en Santa Bárbara, California, octubre 1974.

[20]Ibid.

[21]Mario García, "San Diego—Tijuana: A History of Uneven Economic Development (Part III)", *The New Indicator* (San Diego), VI, 13 (4-11 mayo 1976), pág. 11.

[22]Ken Frizell, "Droves of Illegals Flock Across Mexican Border Every Day", *Focus* (Boulder, Colorado), April 8, 1979.

[23]Ibid.

[24]Edward Simmens, ibid.

[25]Justo Alarcón, reseña citada.

[26]Aristeo Brito, "El lenguaje tropológico en *Peregrinos de Aztlán*", *La Luz*, IV, 2 (May 1975), 42-43.

[27]Theresa McKenna, "Three Novels: An Analysis", *Aztlán*, I, 2 (1970), 55-56.

[28]Marvin Lewis, "*Peregrinos de Aztlán* and the Emergence of the Chicano Novel", *Selected Proceedings of the Third Annual Conference on Minority Studies*, eds. George Carter y James R. Parker (LaCrosse, WI: University of Wisconsin, Institute for Minority Studies, 1976), pág. 154.

[29]Juan Rodríguez, ibid.

[30]Patricio Bayardo Gómez, "El lenguaje en la frontera", *Seminario de Cultura Mexicana* (Tijuana), octubre 1974, pág. 13.

[31]Carlos Monsiváis, "Literatura comparada: Literatura chicana y literatura mexicana", *Fomento Literario* (Washington, D.C.: Congreso Nacional de Asuntos Literarios), I, 3 (invierno 1973), pág. 48.

[32]Miguel Méndez, *Los criaderos humanos* (Tucsón: Editorial Peregrinos, 1976).

[33]Juan Rodríguez, reseña citada.

[34]Rolando Hinojosa, *Generaciones y semblanzas* (Berkeley: Editorial Justa Publications, 1977).

[35]Juan Bruce-Novoa, "La voz del silencio: Miguel Méndez", *Diálogos* (Colegio de México), 12, 3 (mayo-junio 1976), 27-30.

[36]Ibid.

[37]Cecil Robinson, Reseña de *Peregrinos de Aztlán*, *Arizona Quarterly*, XXXII, 2 (summer 1976), 185-87.

[38]Juan Rodríguez, reseña citada.

[39]Aristeo Brito, artículo citado.

[40]Ibid.

[41]Oscar U. Somoza, "El marxismo subyacente en *Peregrinos de Aztlán*", *Xalmán*, II, 1 (spring 1978), 17-22.

[42]Salvador Rodríguez del Pino, entrevista citada.

[43]Ibid.

[44]Juan Rodríguez, reseña citada

[45]Justo Alarcón, reseña citada.

[46]Juan Rodríguez, reseña citada.

Capítulo III

[1]Alejandro Morales, *Caras viejas y vino nuevo* (México: Joaquín Mortiz, 1975). Todas las citas son de esta edición.

[2]Salvador Rodríguez del Pino, "Encuentro", entrevista por televisión con Alejandro Morales, University of California at Santa Barbara, 1977.

[3]Salvador Rodríguez del Pino, entrevista personal con Morales en cinta magnetofónica, Santa Bárbara, octubre 1978.

[4]Véase Carey McWilliams, *North From Mexico: The Spanish Speaking People of the United States* (Philadelphia: Lippicott Press, 1949).

[5]Véase el artículo de Armando Morales, "Chicano Police Riots", en Hernández Haug y Wagner, *Chicanos: Social and Psychological Perspectives* (St. Louis: The C. V. Mosley Company, 1976).

[6]Stan Steiner, *La Raza: The Mexican-Americans* (New York: Harper Colophon Books, 1969), p. 234.

[7]"Encuentro".

[8]Claude Lévi-Strauss, *El pensamiento salvaje* (México: Fondo de Cultura Económica, 1964), p. 370.

[9]*Peregrinos de Aztlán* de Miguel Méndez fue impresa en Guadalajara en 1974 pero publicada por Editorial Peregrinos de Tucsón, Arizona.

[10]Salvador Rodríguez del Pino, entrevista, octubre, 1978.

[11]Otras obras escritas en español antes de *Caras viejas* son: . . . *y no se lo tragó la tierra* de Tomás Rivera (1971); *Estampas del valle y otras obras* de Rolando Hinojosa (1973) y *Peregrinos de Aztlán* de Miguel Méndez (1974).

[12]Leimos la obra de esta manera y encontramos una cronología lineal y mayor comprensión.

[13]Véase Celia S. Heller, *Mexican-American Youth: Forgotten Youth at the Crossroads* (New York: Random House, 1966), p. 90.

[14]Rita Guibert, "The Multicultural Mind of Carlos Fuentes", *Nuestro*, II (noviembre 1978), pág. 38.

[15]Véase Albert Memmi, *The Colonizer and the Colonized* (Boston: Beacon Press, 1972), p. 79.

[16]Manuel Gamio, *Mexican Immigration to the United States: A Study of Human Migration and Adjustment* (New York: Dover Publications, 1971); Carey McWilliams, obra citada, y George C. Barker, *Pachuco, An American-Spanish Argot and its Social Functions in Tucson, Arizona* (Tucson: University of Arizona Press, 1950).

[17]Heller, p. 3.

[18]Véase Manuel P. Servín, ed., *An Awakening Minority: The Mexican-Americans* (Beverly Hills: Glencoe Press, 1974).

[19]Broom et al., "Mexicans in the United States: A Problem in Social Differentiation", *Sociology and Social Research*, 36 (Jan.-Feb. 1942), 150-58.

[20]Heller, p. 4.

[21]Donald J. Bogue, *The Population of the United States* (Beverly Hills: Glencoe, The Free Press, 1959), p. 372.

[22]Heller, p. 62.

[23]Evodio Escalante, "Escrito en chicano", *Siempre*, No. 1188 (31 de marzo 1976).

[24]Eduardo Mejía, "El lenguaje como violencia", *Excélsior* (1976), p. 16 (?); subrayado nuestro. Morales nos mandó este artículo sin fecha y paginación completas.

[25]Escalante, ibid.

[26]Francisco A. Lomelí y Donaldo W. Urioste, *Chicano Perspectives in Literature: A Critical and Annotated Bibliography* (Albuquerque: Pajarito Publications, 1976), p. 44.

[27]Marvin A. Lewis, "*Caras viejas y vino nuevo*: Essence of the Barrio", *Bilingual Review/Revista Bilingüe*, 4 (Jan.-Aug. 1977), pág. 144.

[28]Ricardo F. Benavides, Reseña de *Caras viejas y vino nuevo, Books Abroad,* 50, 4 (autumn 1976), 837-38.

Capítulo IV

[1]Véase "Encuentro", entrevista por televisión con Aristeo Brito, Center for Chicano Studies, University of California at Santa Bárbara, mayo 1977.
[2]Aristeo Brito, *El diablo en Texas* (Tucsón, Arizona: Editorial Peregrinos, 1976). Todas las citas son de esta edición.
[3]H. R. Trevor-Roper, "Introduction", in Jacob Burkhardt, *On History and Historians* (New York: Harper Torchbooks, 1958).
[4]Véase J. Plejanov, *Cuestiones fundamentales del marxismo: La concepción materialista de la historia* (México: Ediciones de Cultura Popular, 1974).
[5]*El diablo en Texas*, prólogo.
[6]Véase H. Stuart Hughes, *History as Art and as Science* (New York: Harper Torchbooks, 1964).
[7]Citado en *History as Art and as Science*, pág. 2.
[8]Entrevista con Aristeo Brito, 22 agosto, 1978.
[9]Ibid. Estos datos sobre la juventud de Brito están tomados de esta entrevista.
[10]*History as Art and as Science*, p. 17.
[11]Ibid., p. 21.
[12]Los otros fundadores fueron Hank Oyama, Pepe Barrón y Miguel Méndez, todos de Tucsón, Arizona.
[13]El libro está cosido con hilo y la cubierta pegada por el dorso; se deshace cuando se revienta uno de los hilos.
[14]Véase Marvin Lewis, "*El diablo en Texas*: Structure and Meaning", ponencia leída durante el congreso del MLA, Chicago, diciembre de 1977.
[15]Ibid.
[16]Ibid.
[17]Revista *Quest 77*, I, 2 (May-June 1977), p. 44.
[18]Véase Salvador Rodríguez del Pino, "Lo mexicano y lo chicano en *El diablo en Texas*", en *The Identification and Analysis of Chicano Literature*, ed. Francisco Jiménez (New York: Bilingual Press, 1979), 365-73.
[19]Las cinco reseñas fueron escritas por: Ernestina N. Eger, *Latin American Literary Review*, 5, 10 (summer 1977), 162-65; Jorge M. Febles, *Revista Chicano-Riqueña*, V, 4 (otoño, 1977), 56-58; Charles M. Tatum, *World Literature Today*, 51, 4 (autumn 1977), 592-93; Justo Alarcón, *Maize*, 3, 1-2 (Fall-Winter 1979-1980), 6-8; y Juan Rodríguez, *Carta Abierta*, No. 5 (octubre 1976), iv.
[20]Entrevista con Aristeo Brito, octubre 8, 1978. Esta sección del "Contratexto" está basada en dicha entrevista.
[21]Véase Rolando Hinojosa, "The Structure and Meaning of Chicano Literature", ponencia leída en el congreso del MLA, Chicago, diciembre de 1977.

Capítulo V

[1]El jurado de ese año estaba integrado por Juan Carlos Onetti (Uruguay), Lisandro Otero (Cuba), Lincoln Silva (Paraguay), y Domingo Miliani (Venezuela).

[2]Prólogo, *Generaciones y semblanzas* (Berkeley: Justa Publications, 1977). Título bajo el cual se publicó *Klail City*.

[3]Entrevista con Rolando Hinojosa grabada en cinta magnetofónica, Nueva York, diciembre de 1978.

[4]Ibid.

[5]Juan Bruce-Novoa, "Interview with Rolando Hinojosa", *Latin American Literary Review*, V, 10 (spring-summer 1977), 103-14.

[6]Ibid.

[7]Rolando Hinojosa, *Korean Love Songs* (Berkeley: Justa Publications, 1978).

[8]Bruce-Novoa, ibid.

[9]Entrevista en Nueva York.

[10]Salvador Rodríguez del Pino, "Encuentro", entrevista por televisión con Rolando Hinojosa, Center for Chicano Studies, University of California at Santa Bárbara, 1978.

[11]Entrevista en Nueva York.

[12]"Encuentro".

[13]Rolando Hinojosa, *Estampas del valle y otras obras* (Berkeley: Editorial Quinto Sol, 1973); segunda edición, Berkeley: Justa Publications, 1977. Las citas son de esta segunda edición.

[14]Rolando Hinojosa, *Generaciones y semblanzas* (Berkeley: Justa Publications, 1977). Primera edición bilingüe. Las notas son de esta edición.

[15]Citado por J. M. Castellet en *Literatura, ideología y política* (Barcelona: Editorial Anagrama, 1976), p. 80.

[16]Citado por Castellet, ibid.

[17]Bruce-Novoa, "Interview".

[18]Delfín Leocadio Garasa, *Literatura y sociología* (Buenos Aires: Ediciones Troquel, 1973), p. 35.

[19]"Encuentro".

[20]Delfín Leocadio Garasa, p. 36.

[21]Ibid., p. 38.

[22]Ibid.

[23]Entrevista en Nueva York.

[24]Cándido Pérez Gallego, *Literatura y contexto social* (Madrid: Sociedad General Española de Librería, S.A., 1975), p. 115.

[25]Teresinha Alves Pereira, Reseña de *Estampas del valle y otras obras*, *Revista Chicano-Riqueña*, 3, 1 (invierno 1975), 57-58.

[26]Charles Tatum, Reseña de *Klail City y sus alrededores*, *Latin American Literary Review*, 5, 10 (spring-summer 1977), 165-69.

[27]Marvin Lewis, Reseña de *Generaciones y semblanzas*, *Revista Chicano-Riqueña*, 6, 3 (verano 1978), 72-74.

[28]Tatum, reseña.

[29]Luis María Brox, "Los límites del costumbrismo en *Estampas del valle y otras obras*", *Mester*, 5, 2 (abril 1975), 101-04.

[30]Marvin Lewis, reseña.

[31]Luis Leal, "La imagen literaria chicana", *Xalmán*, 2, 1 (spring 1978), pág. 5.

[32]Marvin Lewis, reseña.

[33]Luis Martín-Santos, citado por Pérez Gallego, p. 145.

BIBLIOGRAFIA SELECTA

Sobre la narrativa chicana

Alarcón, Justo A. "Consideraciones sobre la literatura y crítica chicanas". *La Palabra*, 1, 1 (1979), 3-21.
Armas, José. "Role of Artist and Critic in the Literature of a Developing Pueblo". *De Colores*, 3, 4 (1977), 5-11.
Bruce-Novoa, Juan. *Chicano Authors: Inquiry by Interview*. Austin & London: University of Texas Press, 1980.
_____. "El deslinde del espacio literario chicano". *Aztlán*, 11, 2 (1980), 323-38.
_____. "Interview with José Antonio Villarreal". *Revista Chicano-Riqueña*, 4, 2 (1976), 40-48.
_____. "México en la literatura chicana". *Tejidos*, 3, 3 (1976), 31-42.
_____. "The Space of Chicano Literature". *De Colores*, 1, 4 (1975), 22-42.
Cárdenas de Dwyer, Carlota. "Cultural Regionalism and Chicano Literature". *Western American Literature*, 15, 3 (1980), 187-94.
Elizondo, Sergio D. "Myth and Reality in Chicano Literature". *Latin American Literary Review*, 5, 10 (1977), 23-31.
de la Garza, Rudolph O., y Rowena Rivera. "The Socio-Political World of the Chicano: A Comparative Analysis of Social Scientific and Literary Perspectives". En *Minority Language and Literature: Retrospective and Perspective*. Ed. Dexter Fisher. New York: Modern Language Association, 1977, pp. 42-64.
Gonzales-Berry, Erlinda. "Chicano Literature in Spanish: Roots and Content". Tesis inédita, University of New Mexico, 1978.
González Gómez, Miguel. "La literatura chicana". *Fomento Literario*, 1, 3 (1973), 50-61.
Hinojosa, Rolando. "Mexican-American Literature: Toward an Identification". *Books Abroad*, 49, 3 (1975), 422-30. Reimpreso en Jiménez, *Identification and Analysis*, pp. 7-18.
_____. "The Structure and Meaning of Chicano Literature". Ponencia presentada en el congreso del MLA, Chicago, 1977.
Jiménez, Francisco, ed. *The Identification and Analysis of Chicano Literature*. New York: Bilingual Press/Editorial Bilingüe, 1979.
Johnson, Elaine Dorough. "A Thematic Study of Three Chicano Narratives: *Estampas del Valle y otras obras*, *Bless Me, Ultima*, and *Peregrinos de Aztlán*". Tesis inédita, University of Wisconsin/Madison, 1978. (*DAI*, 39, 6 [1978], 3614A.)
Landy, Lino, y Ricardo López Landy. "Literatura chicana". *Grito del Sol*, 1, 1 (1976), 25-38.

Lewis, Marvin A. "*Peregrinos de Aztlán* and the Emergence of the Chicano Novel". En *Selected Proceedings of the Third Annual Conference on Minority Studies*. Eds. George Carter y James R. Parker. LaCrosse, WI: University of Wisconsin, Institute for Minority Studies, 1976, pp. 143-57.

─────── . "Violence in the Chicano Novel". *Crítica Hispánica*, 2, 2 (1980), 53-63.

Lomelí, Francisco A., y Donaldo W. Urioste. *Chicano Perspectives in Literature: A Critical and Annotated Bibliography*. Albuquerque, NM: Pajarito Publications, 1976.

Martínez, Max. "Prolegomena for a Study of Chicano Literature". *De Colores*, 3, 4 (1977), 12-14.

Mickelson, Joel C. "The Chicano Novel Since World War II". *La Luz*, 6, 4 (1977), 22-29.

Molina de Pick, Gracia. "Estudio crítico de la literatura chicana". *Fomento Literario*, 1, 3 (1973), 32-41.

Monsiváis, Carlos. "Literatura comparada: Literatura chicana y literatura mexicana". *Fomento Literario*, 1, 3 (1973), 42-49.

Rivera, Tomás, "Chicano Literature: Fiesta of the Living". *Books Abroad*, 49, 3 (1975), 439-52. Reimpreso en Jiménez, *Identification and Analysis*, pp. 19-36.

Rodríguez, Juan. "El desarrollo del cuento chicano: Del folklore al tenebroso mundo del yo". *Mester*, 4, 1 (1973), 7-12. Reimpreso en *Fomento Literario*, 1, 3 (1973), 19-30, y en Jiménez, *Identification and Analysis*, pp. 58-67.

Rojas, Guillermo. "La prosa chicana: Tres epígonos de la novela mexicana de la Revolución". *Cuadernos Americanos*, 34, 3 (1975), 198-209. Reimpreso en *De Colores*, 1, 4 (1975), 43-57, y en Jiménez, *Identification and Analysis*, pp. 317-28.

Ruiz, Ramón E. "On the Meaning of *Pocho*". En *Pocho*, de José Antonio Villarreal. Segunda edición. New York: Doubleday Anchor, 1970 (1959), pp. vii-xii.

Segade, Gustavo. "Un panorama conceptual de la novela chicana". *Fomento Literario*, 1, 3 (1973), 5-18.

Sommers, Joseph. "Critical Approaches to Chicano Literature". *Bilingual Review/ Revista Bilingüe*, 4, 1-2 (1977), 92-98. Reimpreso en *De Colores*, 3, 4 (1977), 15-21, y en Jiménez, *Identification and Analysis*, pp. 143-52.

Sommers, Joseph, y Tomás Ybarra-Frausto, eds. *Modern Chicano Writers*. Englewood Cliffs, NJ: Prentice-Hall, 1979.

Somoza, Oscar Urquídez. "Visión axiológica en la narrativa chicana". Tesis inédita, University of Arizona, 1977. (*DAI*, 38, 7 [1978], 4203A.)

Tatum, Charles M. "Contemporary Chicano Prose Fiction: A Chronicle of Misery". *Latin American Literary Review*, 1, 2 (1973), 7-17. Reimpreso en Jiménez, *Identification and Analysis*, pp. 241-53.

─────── . "Contemporary Chicano Prose Fiction: Its Ties to Mexican Literature". *Books Abroad*, 49, 3 (1975), 431-38. Reimpreso en Jiménez, *Identification and Analysis*, pp. 47-57.

─────── . *A Selected and Annotated Bibliography of Chicano Studies*. Manhattan, KS: Kansas State University, Society of Spanish and Spanish-American Studies, 1976.

Vásquez-Castro, Javier. *Acerca de la literatura (Diálogo con 3 autores chicanos)*. San Antonio, TX: M & A Editions, 1979.

Sobre las obras estudiadas

... y no se lo tragó la tierra

Bruce-Novoa, Juan. "Portraits of the Chicano Artist as a Young Man: The Making of the 'Author' in Three Chicano Novels". En *Festival Flor y Canto II*. Ed. Arnold C. Vento, Alurista, José Flores Peregrino, et al. Albuquerque, NM: Pajarito Publications, [1979], pp. 150-61.

Campos, Jorge. "Literatura Chicana: Cuentos de Tomás Rivera". *Insula*, 29, 328 (1974), 11.

"Chicano Wins National Literary Award". *El Grito*, 4, 2 (1971), 4-6.

González, William. Reseña de *... y no se lo tragó la tierra*. *Modern Language Journal*, 57, 4 (1973), 229.

Grajeda, Ralph F. "Tomás Rivera's *... y no se lo tragó la tierra*: Discovery and Appropriation of the Chicano Past". *Hispania*, 62, 1 (March 1979), 71-81. Condensado en Sommers e Ybarra-Frausto, *Modern Chicano Writers*, pp. 74-85.

Lizárraga, Sylvia S. "Cambio: Intento principal de *... y no se lo tragó la tierra*". *Aztlán*, 7, 3 (1976), 419-26.

Menton, Seymour. Reseña de *... y no se lo tragó la tierra*. *Latin American Literary Review*, 1, 1 (1972), 111-15.

Miller, Yvette E. "The Social Message in Chicano Fiction: Tomás Rivera's *... and the earth did not part* and Raymond Barrios' *The Plum Plum Pickers*". En *Selected Proceedings of the Third Annual Conference on Minority Studies*. Eds. George E. Carter y James R. Parker. LaCrosse, WI: University of Wisconsin, Institute for Minority Studies, 1976, pp. 159-64.

Pino, Frank, Jr. "The Outsider and 'El Otro' in Tomás Rivera's *... y no se lo tragó la tierra*". *Books Abroad*, 49, 3 (1975), 453-58.

_____. "Realidad y fantasía en *... y no se lo tragó la tierra* de Tomás Rivera". En *Otros mundos, otros fuegos: Fantasía y realismo mágico en Iberoamérica*. Ed. Donald A. Yates. East Lansing, MI: Michigan State University, 1975, pp. 249-54.

Rascón, Francisca. "La caracterización de los personajes femeninos en *... y no se lo tragó la tierra*". *La Palabra*, 1, 2 (1979), 43-50.

Ríos, Herminio. "Introducción". *... y no se lo tragó la tierra*, de Tomás Rivera. Primera edición. Berkeley: Quinto Sol Publications, 1971, pp. viii-xi.

Rivera, Tomás. "Recuerdo, descubrimiento y voluntad en el proceso imaginativo literario". *Atisbos*, No. 1 (1975), pp. 66-77.

Rodríguez, Alfonso. "Time as a Structural Device in Rivera's *... and the earth did not part*". Ponencia presentada en el congreso del MLA, Chicago, 1977.

Rodríguez, Juan. "Acercamiento a cuatro relatos de *... y no se lo tragó la tierra*". *Mester*, 5, 1 (1974), 16-24.

_____. "La embestida contra la religiosidad en *... y no se lo tragó la tierra*". *PCCLAS Proceedings: Changing Perspectives in Latin America*, 3 (1974), 83-86.

_____. "The Problematic in Tomás Rivera's *... And the Earth Did Not Part*". *Revista Chicano-Riqueña*, 6, 3 (1978), 42-50.

_____. Reseña de *... y no se lo tragó la tierra*. *Explicación de Textos Literarios*, 3, 2 (1974-75), 201-02.

Sánchez, Saúl. Reseña de *... y no se lo tragó la tierra*. *Books Abroad*, 46, 4 (1972), 633.

Sommers, Joseph. "From the Critical Premise to the Product: Critical Modes and their Applications to a Chicano Literary Text". *New Scholar*, 6 (1977), 51-80. Condensado en Sommers e Ybarra-Frausto, *Modern Chicano Writers*, pp. 31-40 y 94-107.

Somoza, Oscar U. "Grados de dependencia colectiva en... *y no se lo tragó la tierra*". *La Palabra*, 1, 1 (1979), 40-53.

Testa, Daniel P. "Narrative Technique and Human Experience in Tomás Rivera". En Sommers e Ybarra-Frausto, *Modern Chicano Writers*, pp. 86-93.

Veiga, Gustavo da. "Tomás Rivera e a literatura chicana dos Estados Unidos". *Minas Gerais, Suplemento Literário*, 27 May 1972, p. 11.

Vélez, Diana. "The Reality of the Chicanos". *Bilingual Review/Revista Bilingüe*, 2, 1-2 (1975), 203-07.

White, James P. "San Antonio Writer Getting Attention". *San Antonio Express*, 15 August 1976.

Whitmore, Don. Reseña de... *y no se lo tragó la tierra*. *South Central Bulletin*, 33, 3 (1973), 160-61.

Zendejas, Francisco. "Multilibros". *Excélsior*, 28 octubre 1972, p. 19A.

Peregrinos de Aztlán

Alarcón, Justo S. Reseña de *Peregrinos de Aztlán*. *Mester*, 5, 1 (1974), 61-62.

Barrón, Pepe. "Miguel Méndez M., Chicano Teacher in a Community College". *Community and Junior College Journal*, 43, 6 (1973), 56.

Bornstein, Miriam. "*Peregrinos de Aztlán*: Dialéctica estructural e ideológica". *Cuadernos Americanos*, 39, 4 (1980), 23-33. Reimpreso en *Revista Chicano-Riqueña*, 8, 4 (1980), 69-78.

Brito, Aristeo. "El lenguaje tropológico en *Peregrinos de Aztlán*". *La Luz*, 4, 2 (1975), 42-43.

Bruce-Novoa, Juan. "La voz del silencio: Miguel Méndez". *Diálogos*, 12, 3 (1976), 27-30.

Flores, Lauro, y Mark McCaffrey. "Miguel Méndez: el subjetivismo frente a la historia". *De Colores*, 3, 4 (1977), 46-57.

Gonzales Berry, Erlinda. Reseña de *Peregrinos de Aztlán*. *Chasqui*, 5, 2 (1976), 86-87.

Leal, Luis. "*Tata Casehua* o la desesperanza". *Revista Chicano-Riqueña*, 2, 2 (1974), 50-52.

Marín, Mariana. "*Pocho* y *Peregrinos de Aztlán*: Contradicciones textuales e ideología". *Revista Chicano-Riqueña*, 6, 4 (1978), 59-62.

Olstad, Charles. Reseña de *Peregrinos de Aztlán*. *Journal of Spanish Studies: Twentieth Century*, 2, 2 (1974), 119-21.

Reseña de *Peregrinos de Aztlán*. *Booklist*, 73, 21 (1977), 1640.

Reseña de *Peregrinos de Aztlán*. *Renacimiento*, 4, 70 (1973), 9.

Robinson, Cecil. Reseña de *Peregrinos de Aztlán*. *Arizona Quarterly*, 32, 2 (1976), 185-87.

Rodríguez, Juan. Reseña de *Peregrinos de Aztlán*. *Revista Chicano-Riqueña*, 2, 3 (1974), 51-55.

Segade, Gustavo. "*Peregrinos de Aztlán*: viaje y laberinto". *De Colores*, 3, 4 (1977), 58-62.

―――. "Chicano Indigenismo: Alurista and Miguel Méndez". *Xalmán*, 1, 4 (1977), 4-11.

Shirley, Carl R. "A New Perspective in Chicano Literature". *Hispania*, 58, 4 (1975), 946.

Somoza, Oscar U. "El marxismo subyacente en *Peregrinos de Aztlán*". *Xalmán*, 2, 1 (1978), 17-22.

Tatum, Charles. Reseña de *Peregrinos de Aztlán*. *Books Abroad*, 49, 2 (1975), 285.

―――――. "Popular Culture and *Peregrinos de Aztlán*". Ponencia presentada en el congreso de la Popular Culture Association, St. Louis, 20-22 March 1975.

Ubilla-Arenas, Cecilia. "*Peregrinos de Aztlán*: de la crítica social al sueño humanista". *La Palabra*, 1, 2 (1979), 64-76.

Caras viejas y vino nuevo

Benavides, Ricardo. Reseña de *Caras viejas y vino nuevo*. *Books Abroad*, 50, 4 (1976), 837-38.

―――――. "Estirpe y estigma de una novela chicana". *Chasqui*, 6, 1 (1976), 84-93.

Reseña de *Caras viejas y vino nuevo*. *Booklist*, 73, 21 (1977), 1640.

Reseña de *Caras viejas y vino nuevo*. *Cambio*, No. 3 (1976), p. x.

Gonzales-Berry, Erlinda. "*Caras viejas y vino nuevo*: Journey Through a Disintegrating *Barrio*". *Latin American Literary Review*, 7, 14 (1979), 62-72.

Herrera-Sobek, María. "Barrio Life in the Fifties and Sixties". *Latin American Literary Review*, 5, 10 (1977), 148-50.

Lewis, Marvin A. "*Caras viejas y vino nuevo*: Essence of the Barrio". *Bilingual Review/Revista Bilingüe*, 4, 1-2 (1977), 141-44.

Maciel, David. "La literatura chicana: conversación con Alejandro Morales". *Cambio*, No. 6 (1977), pp. viii-ix.

Monleón, José. "Dos novelas de Alejandro Morales". *Maize*, 4, 1-2 (1980-81), 6-8.

―――――. "Entrevista con Alejandro Morales". *Maize*, 4, 1-2 (1980), 9-20.

Plaza, Galvarino. Reseña de *Caras viejas y vino nuevo*. *Cuadernos Hispanoamericanos*, No. 312 (1976), pp. 783-85.

Ramírez, Arturo. "El desmoronamiento y la trascendencia". *Caracol*, 3, 11 (1977), 22-23.

Somoza, Oscar U. "Choque e interacción en *Caras viejas y vino nuevo* y *La verdad sin voz* de Alejandro Morales". *Cuadernos Americanos*, 39, 4 (1980), 34-40.

El diablo en Texas

Acevedo, Roberto M. Reseña de *El diablo en Texas*. *La Palabra*, 1, 2 (1979), 99-100.

Alarcón, Justo. Reseña de *El diablo en Texas*. *Maize*, 3, 1-2 (1979-80), 6-8.

―――――. "Las metamorfosis del diablo en *El diablo en Texas* de Aristeo Brito". *De Colores*, 5, 1-2 (1980), 30-44.

Eger, Ernestina N. Reseña de *El diablo en Texas*. *Latin American Literary Review*, 5, 10 (1977), 162-65.

Febles, Jorge M. Reseña de *Cuentos i Poemas de Aristeo Brito*. *Revista Chicano-Riqueña*, 5, 4 (1977), 56-58.

―――――. Reseña de *El diablo en Texas*. *Revista Chicano-Riqueña*, 5, 4 (1977), 55-56.

Lewis, Marvin A. Reseña de *El diablo en Texas*. *Revista Chicano-Riqueña*, 6, 3 (1978), 70-71.

―――――. "*El diablo en Texas*: Structure and Meaning". Ponencia presentada en el congreso de MLA, Chicago, 1977.

Rodríguez, Juan. Comentario sobre *El diablo en Texas. Carta Abierta*, No. 5 (1976), p. iv.
Rodríguez del Pino, Salvador. "Lo mexicano y lo chicano en *El diablo en Texas*". En Jiménez, *Identification and Analysis*, pp. 365-73.
Tatum, Charles M. Reseña de *El diablo en Texas. World Literature Today*, 51, 4 (1977), 592-93.
Vega, Sara Lequerica de la, y Carmen Salazar Parr. "Lectura 8: Aristeo Brito". En *Avanzando: Gramática española y lectura*. New York: John Wiley & Sons, 1978, pp. 241-48.

Estampas del Valle y otras obras y Generaciones y semblanzas

Alvarez García, Imeldo. "*Klail City y sus alrededores*". *Casa de las Américas*, No. 99 (1976), pp. 126-30.
Brox, Luis María. "Los límites del costumbrismo en *Estampas del Valle y otras obras*". *Mester*, 5, 2 (1975), 101-04.
Bruce-Novoa, Juan. "Chicano Wins Major Prize". *Hispania*, 59, 3 (1976), 521.
―――――. "Interview with Rolando Hinojosa-S.". *Latin American Literary Review*, 5, 10 (1977), 103-14.
―――――. "Righting the Oral Tradition: Miguel Méndez and Rolando Hinojosa". Ponencia presentada en el congreso de MLA, New York, 1978.
"Chicano Literature". *Multi-Ethnicity in American Publishing*, 5, 1 (1977), 3-4.
"Dr. Rolando Hinojosa-Smith, Internationally Acclaimed Chicano Author". *La Guardia*, 8, 8 (1978), 4.
Gonzales-Berry, Erlinda. "*Estampas del Valle*: From *Costumbrismo* to Self-Reflecting Literature". *Bilingual Review/Revista Bilingüe*, 7, 1 (1980), 29-38.
Gómez Ayet, Jesús. Reseña de *Klail City y sus alrededores*. *Estafeta Literaria*, No. 610 (1977), p. 2786.
Guerrero, Yolanda. "Literatura y sociedad: Análisis de *Generaciones y semblanzas*". *La Palabra*, 1, 2 (1979), 21-30.
"Hinojosa Wins Quinto Sol Writing Award". *El Chicano*, 9, 15 (1973), 7.
Johnson, Harvey. Reseña de *Estampas del Valle y otras obras*. *South Central Bulletin*, 34, 3 (1974), 134.
Kernahan, Galal J. "México fuera de México: Literatura chicana". *Hispano/Tiempo*, 73, 1888 (1978), 13-14.
Reseña de *Klail City y sus alrededores*. *Book List*, 73, 21 (1977), 1639.
Lewis, Marvin A. Reseña de *Generaciones y semblanzas*. *Revista Chicano-Riqueña*, 6, 3 (1978), 72-74.
Merlino, Mario. Reseña de *Klail City y sus alrededores*. *Cuadernos Hispanoamericanos*, Nos. 326-27 (1977), pp. 520-21.
Miguélez, Armando. "La cultura: Los chicanos". *Aztec Campus News*, 21 febrero 1978, p. 18.
Pereira, Teresinha Alves. Reseña de *Estampas del Valle y otras obras*. *Revista Chicano-Riqueña*, 3, 1 (1975), 57-58.
"Quinto Sol Announces Chicano Literary Winners". *El Chicano*, 7, 50 (1973), 12.
Ríos, Herminio. "Introducción". *Estampas del Valle y otras obras*, de Rolando Hinojosa. Primera edición. Berkeley: Quinto Sol Publications, 1973, pp. 4-6.
Rodríguez, Juan. Comments on *Generaciones y semblanzas*. *Carta Abierta*, No. 9 (1977), p. 3.

Tatum, Charles. Reseña de *Klail City y sus alrededores*. *Latin American Literary Review*, 5, 10 (1977), 165-69.
_____. Reseña de *Klail City y sus alrededores*. *World Literature Today*, 51, 3 (1977), 416.
Valadés, Edmundo. "Literatura chicana: Graciosa obra de Rolando Hinojosa". *Novedades*, 2 diciembre 1976, p. 6.
Zendejas, Francisco. "Multilibros". *Excélsior*, 27 febrero 1976, p. 32A.

Sobre el pueblo chicano y mexicano

Albi, F. E., y Jesús G. Nieto, eds. *Sighs and Songs of Aztlán: A New Anthology of Chicano Literature*. Bakersfield, CA: Universal Press, 1975.
Blanco-Aguinaga, Carlos. "El laberinto fabricado por Octavio Paz". *Aztlán*, 3, 1 (1972), 1-12.
Cárdenas de Dwyer, Carlota, ed. *Chicano Voices*. Boston: Houghton Mifflin Company, 1975.
Carrión, Jorge. *Mito y magia del mexicano*. México: Editorial Nuestro Tiempo, 1971.
Castañeda Shular, Antonia, Tomás Ybarra-Frausto, y Joseph Sommers, eds. *Literatura chicana: Texto y contexto/Chicano Literature: Text and Context*. Englewood Cliffs, NJ: Prentice-Hall, 1972.
Demaris, Ovid. *Poso del mundo: Inside the Mexican American Border from Tijuana to Matamoros*. New York: Pocket Books, 1971.
Escobedo, Arturo E. *Chicano Counselor*. Lubbock, TX: Trucha Publications, 1974.
Fuentes, Carlos. *La nueva novela hispanoamericana*. México: Editorial Joaquín Mortiz, 1974.
Gamio, Manuel. *Mexican Immigration to the United States: A Study of Human Migration and Adjustment*. New York: Dover Publications, 1971 (1930).
García, Mario T. "José Vasconcelos and La Raza". *El Grito*, 2, 4 (1969), 49-51.
Harth, Dorothy E., y Lewis M. Baldwin, eds. *Voices of Aztlán: Chicano Literature of Today*. New York: New American Library, 1974.
Heller, Celia S. *Mexican-American Youth: Forgotten Youth at the Crossroads*. New York: Random House, 1966.
Hundley, Norris, Jr., ed. *The Chicano: Essays*. Santa Bárbara, CA: Clio Books, 1975.
Jones, Robert C. "Ethnic Family Patterns: The Mexican Family in the United States". *American Journal of Sociology*, 53, 6 (1948), 450-52.
León Portilla, Miguel, ed. *Visión de los vencidos: Relaciones indígenas de la conquista*. México: UNAM, 1972.
López y Rivas, Gilberto. *La guerra del 47 y la resistencia popular a la ocupación*. México: Editorial Nuestro Tiempo, 1976.
Maciel, David, y Patricia Bueno, eds. *Aztlán: Historia contemporánea del pueblo chicano*. SepSetentas #245. México: Secretaría de Educación Pública, 1976.
_____. *Aztlán: Historia del pueblo chicano, 1848-1910*. SepSetentas #174. México: Secretaría de Educación Pública, 1975.
Madrid-Barela, Arturo. "Alambristas, Braceros, Mojados, Norteños: Aliens in Aztlán". *Aztlán*, 6, 1 (1973), 27-42.
Montiel, Miguel. "The Social Science Myth of the Mexican-American Family". *El Grito*, 3, 4 (1970), 56-63.

Moore, Joan W., con Alfredo Cuéllar. *Mexican Americans*. Englewood Cliffs, NJ: Prentice-Hall, 1970.

Nava, Julián, ed. *¡Viva La Raza! Readings on Mexican Americans*. New York: D. Van Nostrand Company, 1973.

Ortego, Philip D., ed. *We Are Chicanos: An Anthology of Mexican-American Literature*. New York: Washington Square Press, 1973.

Paz, Octavio. *Conjunciones y disyunciones*. México: Cuadernos de Joaquín Mortiz, 1969.

―――. *El laberinto de la soledad*. México: Fondo de Cultura Económica, 1970.

―――. *Posdata*. México: Siglo Veintiuno Editores, 1971.

Peñalosa, Fernando. "Mexican Family Roles". *Journal of Marriage and the Family*, 30, 4 (1968), 680-88.

Pozas Arciniega, Ricardo, y Isabel H. de Pozas. *Los indios en las clases sociales de México*. México: Siglo Veintiuno Editores, 1971.

Prago, Albert. *Strangers in Their Own Land: A History of Mexican Americans*. New York: Four Winds Press, 1973.

Ramos, Samuel. *El perfil del hombre y la cultura en México*. México: Espasa Calpe, 1965.

Servín, Manuel P., ed. *An Awakened Minority: The Mexican Americans*. 2a. ed. Beverly Hills: Glencoe Press, 1974.

Simmen, Edward, ed. *The Chicano: From Caricature to Self-Portrait*. New York: New American Library, 1971.

―――. *Pain and Promise: The Chicano Today*. New York: New American Library, 1972.

Solís Garza, Hernán. *Los mexicanos del norte*. México: Editorial Nuestro Tiempo, 1971.

Sobre cultura, sociología y teoría literaria

Balogh, Thomas, Baron Balogh. *The Economics of Poverty*. 2a. ed. London: Weidenfield and Nicholson, 1964.

Berger, Peter L. *Invitation to Sociology: A Humanistic Perspective*. Garden City, NY: Anchor Books, 1963.

Castellet, J. M. *Literatura, ideología y política*. Barcelona: Editorial Anagrama, 1976.

Culler, Jonathan. *Structuralist Poetics: Structuralism, Linguistics, and the Study of Literature*. Ithaca, NY: Cornell University Press, 1975.

Escarpit, Robert. *Sociology of Literature*. Trad. de Ernest Pick. London: Cass & Co., 1971.

Fanon, Frantz. *The Wretched of the Earth*. Trad. de Constance Farrington. New York: Grove Press, 1968.

Fishman, Joshua A. *The Sociology of Language: An Interdisciplinary Social Science Approach to Language in Society*. Rowley, MA: Newbury House Publishers, 1972.

Freire, Paulo. *Pedagogía del oprimido*. Trad. de Jorge Mellado. México: Siglo Veintiuno Editores, 1973.

Garasa, Delfín Leocadio. *Literatura y sociología*. Buenos Aires: Ediciones Troquel, 1973.

Goldmann, Lucien. *Para una sociología de la novela.* Madrid: Editorial Ciencia Nueva, 1967.

Hinkle, Roscoe C., Jr., y Gisela J. Hinkle. *The Development of Modern Sociology: Its Nature and Growth in the United States.* New York: Random House, 1965.

Lee, Alfred McClung, ed. *Principles of Sociology.* New York: Barnes & Noble Books, 1969.

LeVine, Robert Alan. *Culture, Behavior and Personality.* Chicago: Aldine Publishing Company, 1973.

Lévi-Strauss, Claude. *El pensamiento salvaje.* Trad. de Francisco González Aramburo. México: Fondo de Cultura Económica, 1964.

Lewis, Oscar. *Five Families: Mexican Case Studies in the Culture of Poverty.* New York: Mentor Books, 1959.

Memmi, Albert. *The Colonizer and the Colonized.* Trad. de Howard Greenfield. Boston: Beacon Press, 1967.

Miller, George A., ed. *Communication, Language and Meaning: Psychological Perspectives.* New York: Basic Books, 1973.

Oliver, Douglas L. *Invitation to Anthropology.* Garden City, NY: The Natural History Press, 1964.

Ortega y Gasset, José. *La rebelión de las masas.* Madrid: Espasa-Calpe, 1966.

Pérez Gallego, Cándido. *Literatura y contexto social.* Madrid: Sociedad Española de Librería, 1975.

Petersen, William. *American Social Patterns: Studies of Race Relations, Popular Heroes, Voting, Union Democracy, and Government Bureaucracy.* Garden City, NY: Doubleday Anchor Books, 1956.

Plejanov, J. *Cuestiones fundamentales del marxismo: la concepción materialista de la historia.* México: Ediciones de Cultura Popular, 1974.

Robbe-Grillet, Alain. *For a New Novel: Essays on Fiction.* Trad. de Richard Howard. New York: Grove Press, 1965.

Sartre, Jean-Paul. *What is Literature?* Trad. de Bernard Frechtman. New York: Harper Colophon Books, 1965.

Scholes, Robert. *Approaches to the Novel: Materials for a Poetics.* San Francisco: Chandler Publishing Co., 1961.

Shapiro, Howard M., y Robert Gliner, eds. *Human Perspectives: Introductory Readings for Sociology.* New York: Free Press, 1972.

Skinner, B. F. *About Behaviorism.* New York: Alfred A. Knopf, 1974.

Stein, Stanley J., y Barbara H. Stein. *The Colonial Heritage of Latin America: Essays on Economic Dependence in Perspective.* New York: Oxford University Press, 1970.

Wellek, René, y Austin Warren. *Theory of Literature.* New York: Harcourt, Brace & Company, 1949.